野外教育学序説

土方 圭　張本 文昭　多田 総

三恵社

はじめに

　筆者が野外教育に興味を持ち、その後、教育実践や調査・研究に携わるようになったきっかけは、学生時代に大学の実習生として参加したキャンプであった。
　我々学生はかまどを造り、火を起こし、食事を作った。また、沢や山を登り、ナイフで木切れを削った。初めて訪れる東北の山間に囲まれた村々の風景、農作業をする人たち、そして疲れを癒やしてくれる温泉。すること見ることすべてが新鮮で、何よりも楽しかった。それまで中学、高校時代と友人たちとキャンプをしたり、釣りに行ったり山に行ったり、いわゆる自然の中で遊ぶ機会は結構あった。しかし、それらとは何かが違う楽しさがその実習にはあり、やがて深くのめり込んでいったように思う。当時の大学生活や競技部での活動は、ややもするとルーティン化した毎日のように感じられたのだが、そのような普段の生活とは異なる時間がそこには流れていたように思う。
　現在、野外教育に携わっている指導者やリーダー、ファシリテーターと呼ばれる人たち、あるいはそれを調査研究の対象として新しい知見を見出そうとしている研究者たちもまた、同じようなきっかけがあるように思われるのだがいかがであろうか。学生時代の実習が楽しくて、ボランティアで参加したキャンプが楽しくて、友人に誘われたキャンプが楽しくて、等々があったのではないだろうか。一言で言うと「野外での体験が楽しかった」。それが引き金となって、野外教育に関わるようになったのではないだろうか。
　筆者もまた、大学の授業で参加者として活動した楽しい実習を終え、組織キャンプにおけるカウンセラーやマネージメントスタッフ、ディレクターなどの運営サイドを任されていくようになる。すると、自分が楽しかった体験をより多くの子どもたちにも体験させたいという欲求や期待が生まれてくる。また、野外教育の専攻学生としてそ

の効果や意義について先生方や先輩諸氏と議論し、卒業論文や修士論文を執筆していくようになる。これらの積み重ねは、やがて「野外での楽しい体験は人間の成長にとって非常に有意義である」との認識に発展していく。

いま振り返ればこの段階あたりから、自分にとっての「野外での楽しい体験」という主観的な認識が、客観性を帯びた社会的に意義のある「野外教育」へと変化していったように思われる。友人から「お前はキャンプに行って遊んでばかりで羨ましい」と言われると「教育をしているのだ！」と言い返すことができるようになる。つまり、実践を積めば積むほど、また知識を得れば得るほど、教育としての「お墨付き」を得られたように感じていくのだ。

この「お墨付き」であるが、実は少々魔力的な力を持っている。近年の日本野外教育学会の研究発表においては、その半数近くが野外教育活動の効果を検証したもの、またはその効果が生起するメカニズムを分析しているものである。つまり、先ほど述べた「お墨付き」の検証に他ならない。多くの研究者が「楽しい野外での体験」に何らかのお墨付きや付加価値を発見しようとし、また、説明しようと努力していることがうかがえる。ところが、この「お墨付き」を与えようという立場に（無意識に）立脚すると、野外教育の効果を説明する普遍的かつ客観的な体験が注目され、個々人が感じた主観的に楽しかった体験やそれぞれの文脈における個別・具体性を帯びた出来事という感覚は徐々に遠景に退いていく。

「お墨付き」の検証内容を先述の学会大会における研究発表のキーワードで具体的にあげると、生きる力、ストレスコーピング、リーダーシップ、アサーション行動、社会人基礎力、ヒューマンコミュニティ創成マインド、環境配慮等々、どれも現代的意義がある事柄、あるいは社会的課題とされているような内容ばかりである。どちらかと言えば、諸々の課題を効果的に解決する手段として野外教育が捉えられているようにも見受けられる。加えて、どのような参加者にそのような効果が認められたか、つまり研究対象であるが、青少年の組織

キャンプ、大学における実習、企業研修等が大半である。これは研究の対象となる野外教育場面では特定のねらいや課題が設定されており、それを達成するために様々なプログラムが用意されていたことを意味している。

ここまで述べてきたような見方をすれば、近年の野外教育学会における関心事は、ある社会的課題に対しフォーマルな野外教育という手法を用いて教育活動を実践し、現代的意義を検証することであるともいえる。

どうやら野外教育には一定の効果が確かに存在するようだ。

では、なぜそのような成果が得られるのだろうか。他の教育との間にどのような共通項があり差異があるのだろうか。また、教育における位置づけはどうなっているのだろうか。もっと言えば、なぜ野外で、そしてなぜ体験なのだろうか。

実は、このような問題意識と関係する研究発表はこれまでの学会誌掲載論文や学会発表においても比較的少ないのが現状であり、さらに、深く追求しようとしたものは極めて少ない。このような状況で改めて「お墨付き」を得つつある野外教育とは何かを問われたとき、我々は誰にでも分かりやすく説明することができるのであろうか。「野外教育という場合の野外とは・・・」「野外教育とはどのような教育なのか・・・」「野外での体験とは・・・」実は野外教育学を取り巻く現状としては、これらに対する十分な答えを持ち合わせていないのである。

では、これらの問いに答えることができないままで、近い将来、先ほど述べた社会的課題が解決されていった場合、野外教育の存在意義を我々は主張し続けることができるだろうか。あるいは野外教育とは異なる効果的な教育手法や思想が現れたとき、それでも我々は野外教育の意義を訴え続けることができるだろうか。

これまで日本における「野外教育の木」は上へと、そして外側へと

枝葉を広げ、その果実を盛んに収穫してきた。しかし、今一度大地へ根を深く広げる必要や、木が成長するための太陽や水、そして養分についても見つめ直す必要があると筆者らは感じている。

　そこで我々は、近年、研究においても実践においても主流となっている「現代的お墨付きの検証」という野外教育から離れてみたいと思う。そして改めて、教育とは何か、体験とは何か、そして野外とは何かを問うてみたいと思う。「野外教育の木」をこれまでとは違った姿勢から見つめ直すことを通じて、日本における野外教育の全体像、そして課題や可能性について提示してみたいと考えている。

　本書は二部構成からなる。第一部では理論構築編として、野外教育をめぐる「野外」について、そして「教育」と「体験」について既存の知見を概観した上で新しい視点を示した内容となっている。加えて、新しい視点を踏まえた野外教育の全体地図なるものを示し、それぞれの実践者及び研究者が対象としている野外教育に関する自己理解が深められるように意識した。また、日本とは少し異なるが、自然と日常生活に親和的な関係を築くノルウェーの野外教育事情について比較文化論的に考察を行った。そして第二部をダイアローグ編として、筆者らに日本野外教育学会理事長　星野敏男氏を加えた３名による鼎談と筆者２名による対談の内容を収録している。

　通説では、野外教育はアメリカから伝わったとされ"outdoor education"の訳語とされている。本書では、自然豊かな日本で育まれた自然との関係という「根本的な視点」から論じてみようとしている。そこで新たな野外教育への視座という意味も含め、書名を「野外教育学序説」とし、野外教育とは何かという疑問へ切り込んだつもりである。

　若輩ではあるが精一杯試みたので、ご一読いただき忌憚のないご意見をいただければ幸いである。

目　次

はじめに

目　次

第一部　理論構築編
第1章　野外教育における理論的課題
　　　　　　　　　　　　-------------------- 土方圭・張本文昭
　1. 日本の野外教育研究をめぐる現状について　　8
　2. 「野外教育」理論の現在　　14
　　　　－「野外」ならびに「教育」概念再解釈の必要性－
　3. 野外教育の理論的課題　　20

第2章　野外教育における「野外」概念の再解釈
　　　　　　　　－風土概念を手掛かりとして－
　　　　　　　　　　　　------------------------ 土方圭
　1. はじめに　　22
　2. 「野外」概念を再解釈する試み　　23
　3. 風土及び風土性から再解釈された「野外」概念　　37
　4. 今後の課題及び展望　　38

第3章　風土概念により再解釈された野外教育の原理の明文化
　　　　　　　　　　　　------------------------ 土方圭
　1. はじめに　　41
　2. 「風土」という概念　　43
　　　　－和辻哲郎の風土概念を契機として－

3. 「野外」を基礎づける「風土」は 47
いかに具体的記述が可能か
4. 風土的野外教育の原理に関する明文化の試み 53
5. 今後の課題 56

第4章 「教育」および「体験」に関するレビューと
野外教育における課題と展望
---------------------- 張本文昭・土方圭

1. はじめに 59
2. 教育 60
3. 体験 66
4. 問題提起 74
5. 今後の課題及び展望 78

第5章 野外教育の可視化：
教育と風土の概念整理に基づく二次元マッピング
---------------------- 土方圭・張本文昭

1. はじめに 83
2. 布置（マッピング）を可能にする条件 85
3. 野外教育における「野外」概念の再検討からみた分類軸 85
4. 野外概念における「野外」性に関する補足図 86
5. 野外教育における「教育」概念の再検討からみた分類軸 89
6. 布置図の仮説的提示 90
7. 「野外」と「教育」をマッピングする
   手がかりとしてのルーブリック 91
8. 野外教育実践事例への適用 93
9. 今後の課題 115

第6章　ノルウェーのフリルフツリーブにみる
　　　　　　　　　　　　　　「野外」「教育」「体験」
　　　　　　　　　　　　----------------------------------- 多田聡

1. はじめに　　　　　　　　　　　　　　　　　　　119
2. ノルウェー王国について　　　　　　　　　　　　121
3. フリルフツリーブ（Friluftsliv）とは　　　　　　123
4. 教育としてのフリルフツリーブ　　　　　　　　　130
5. まとめ　　　　　　　　　　　　　　　　　　　　137

コラム　：　主観的なデータの愛おしさ　　　　　143

第二部　ダイアローグ編
第7章　鼎談　～野外教育学会理事長を囲んで～　　144
　　　　　　　　---------星野敏男・張本文昭・土方圭

第8章　筆者対談　　　　　　　　　　　　　　　176
　　　　　　　　---------------------- 土方圭・張本文昭

おわりに

執筆者紹介

第一部　理論構築編
第1章　野外教育における理論的課題

1. 日本の野外教育研究をめぐる現状について
1.1. 現在の野外教育研究におけるいくつかの問い
               －仮想的事例を通して－

　現在の日本における野外教育では、その目的を「自己」「他存在」「自然」の枠組み[1]を用いて捉えることが多い。この枠組みにおける野外教育の目的は、自己と自分自身との関わり、自己と他者や社会を含めた周囲の出来事との関わり、そして自己と自然環境との関わりといった3つの関わりについての気づきや認識の拡大、行動の促進等であるといえる。このような提示の仕方は野外教育についての非常に分かりやすい整理の仕方であり、学術面においては、この目的について検証するような研究が行われる。（方法にもよるが）この枠組みは客観的かつ普遍的に野外教育の成果を示すために都合がよいという側面を持っている。しかし、個々人に起こる主観的で具体的な現象についてはどうであろうか。

　例えば次のような状況はどのように考えればよいのだろうか？

　本書の読者が想像しやすい例として、小学校高学年を参加対象とした「自己」の成長を目的とする4泊5日の組織キャンプでの出来事を仮想的事例としてあげてみよう。

そのキャンプでは、指導を行うスタッフはこれまでに豊富な指導経験を有し、また組織も十二分に体系化されていた。様々なプログラムが計画されている中でも、特に山中でのテント泊を含む1泊2日の縦走登山は心身に一定の負荷がかかることが予想されることから、それを乗り越えることで「自立心」を育むことが期待された。そして参加した小学生たちは予定していたプログラムを理想的に遂行しキャンプを終えていった。調査研究のために「心理的自立検査」についてキャンプが始まる直前とキャンプが終了した直後に測定され、後に統計的に検定した結果、その得点の向上について有意な差が認められた。

　この状況を科学的な研究という観点から考えてみると「4泊5日の組織キャンプに参加した小学校高学年児童は、キャンプ前よりキャンプ後で心理的自立得点が有意に高く、自立性の獲得の上で組織キャンプに効果が認められた。テント泊を含む縦走登山を遂行できたことが自信につながり、自立性の向上に一定の効果が認められたと考えられる」として表現されることが一般的だ。本書の読者なら馴染みのある文脈ではないだろうか。

　ところで、そのキャンプに参加していたA君は、キャンプの初日、夕方頃からグループのメンバーと一緒に食事の準備に取りかかり、ご飯とスープ、サラダとハンバーグを自分たちで調理した。子どもたちが薪を割り、火を起こし、ご飯を炊いたりハンバーグを焼いたりしている間に、ハンバーグにかけるソースだけはキャンプスタッフが秘密のレシピでとても美味しく作ってくれていた。そしてテーブルを囲んで食べ始めたとき、普段から濃い味付けが好きなA君は、自分のハンバーグソースが少なく味が薄いように感じた。ソースの残りはテーブルの反対側に座るB君の前に置いてあった。A君は立ち上がり、テーブルの反対側にまわり、B君の前にあったソースを自分で取ってから、自分のハンバーグにたっぷりとかけ美味しく食べた。A君は両親から常々「自分のことは自分でしなさい」と言われており、それが身についていた。ある意味、既にある程度の自立性が身に付い

ていたのである。

　キャンプ生活最後の朝、最終日の朝食はサンドウィッチだった。食パンにレタスとハム、チーズとソーセージを挟み、マヨネーズで味付けして出来上がりという簡単なメニューだった。食べ始めたとき、A君はマヨネーズがもう少し欲しいなと思った。初日の夜と同じように、マヨネーズはテーブルの反対側、B君の座る前に置いてあった。このときA君は自分で立ち上がらず、B君に向かって「マヨネーズ取って」と頼んだ。B君はテーブル中央にいたC君に手渡し、次いでC君がA君にマヨネーズを渡してくれた。A君はマヨネーズをたっぷりと塗ってからサンドウィッチを美味しく食べた。A君は4泊5日を仲間と過ごすうちに、そして様々な体験を共に繰り返すうちに、ある程度の部分を他人にも頼るようになっていた。あるいは頼ってもいいのだと思えるようになっていた。

　現象のある一部を切り取り客観性や再現性等を担保し普遍を目指す類の科学的研究においては、A君は検査の対象者として扱われ心理的自立得点が向上した群のうちの1人に埋もれてしまう。つまりキャンプで自立性が高まったうちの1人に過ぎないのである。しかしA君個人の文脈に寄り添ってみれば、当初は自分のことは自分でするのが当たり前であると考え、何事も自立的に行動していたが、最終日、仲間を頼る姿を見せるようになった。これは自立性が損なわれた結果ということになるのだろうか。

　学校や家庭ではよく「自分のことは自分でしなさい」と教師や親から言われる。これは広義に捉えれば「自立しなさい」ということだ。それは社会的に望ましいように思われる、現代的・個人主義的価値観の一種ともいえるであろう。その一方で、他者や仲間に頼ったりすることは、他者依存としてネガティブに捉えるべきなのだろうか。そして、それはまた、社会的に望ましくないことなのであろうか。

　A君の臨んだキャンプの出来事からは多様な解釈が可能であろう。むしろ、A君の個別具体的な文脈で考えるならば「自分でもやろうと思えばできるが、場面や状況によっては人にお願いをしたり頼るこ

ともでき、より円滑なコミュニケーションが図れるようになった」と捉えた方が自然だ。

　このキャンプの目的は自己の成長であり、特に自立性を育むことが目標とされた。そして研究の結果、その成果が示された。しかしそのことだけに指導者は喜んでいいのだろうか。自立し過ぎることによるネガティブな側面はないのだろうか。他者に頼ることなく、何でも自分のことは自分で成し遂げていくのなら、周囲の人々は不要になってしまうかも知れない。しかし、会話もコミュニケーションも存在しない世界など想像もしたくない。

　そもそも自己の成長を目的としたのは指導者側である。極端にいえば、A君ではなく指導者が勝手に設定した目的ともいえる。キャンプに参加する子どもたち自身が「自立性を高めるためにキャンプに申し込み参加してきました」とは言わないだろう。

　また、次のような事例は野外教育としてどのように考えられるのだろうか。

　中学生のXさんが住むのは地方の沿岸部、しかも限界集落と呼ばれる地域に位置し、半農半漁で生計を立てる人がほとんどだった。地域は少子高齢化が進み、漁に出たり畑を耕したりする高齢者は減っていった。一方、若者のほとんどは高校進学を機に町を去っていった。Xさんの両親も漁業をメインとしながら、自宅脇の田畑で自分たちの食べる分だけの米や野菜を育てていた。季節によっては漁の手伝いや田畑の草むしり、米や野菜の収穫など、小さい頃からXさんは両親を手伝うことが多かった。親が生活を営む姿や自分の体験を通して、成長とともに将来の生き方を考えるようになった。そしていつしか、両親のような暮らしはしたくない、都会で生活したいと口にするようになった。

　中学3年生の時、修学旅行で訪れたのは九州だった。スケジュールには市街地や名所の観光などもあったが、離島での民泊が含まれ

ていた。フェリーで渡ったこの離島はなぜか観光客であふれていた。地理的な条件も半農半漁という暮らし方も、自分の住む地域と似ている。しかしその離島は若者も多く島全体が活気づいていたのである。

　実は、その島は半農半漁の暮らしを追体験できる民泊事業と海や山の幸を現代風に加工して流通させる第6次産業に成功していた。Xさんは、希望を見出せずにいた地方の暮らしが、方法次第でこんなにも面白く楽しく体験できるものなのかと、民泊の仕掛けやプログラムに大いに驚いた。また島での食事は洒落たカフェで提供され、採れたての野菜や魚が色とりどりにお皿に盛られていた。しかもドレッシングやソース、ドリンクなどは畑で採れたものが加工されていて、料理はすべて美味しかった。お土産にと持たされた瓶詰めは、漁で採れた魚がオイル漬けされており、自宅に帰ってから食べてみると初めて食べる味がした。

　Xさんはその後、農業高校で生産と加工を学び、大学では地域振興を学び、卒業後は地元に戻ってカフェを開店させた。カフェで提供する食材は両親が育てたもので、新鮮さ、珍しさ、美味しさが好評で、遠くからもお客さんが来るようになった。Xさんの両親は、自家食用の野菜ではなく、地域在来の伝統的野菜を育てるようになっていた。また集落の廃校を改装して加工場を建て、加工品を次々と生み出し今ではインターネットによる注文が絶えない。Xさんは現在、先祖から続いてきた地元での暮らしに誇りを持って生きている。

　このXさんが幼少期から地元で繰り返し体験してきた生活そのものと修学旅行での民泊体験とが融合し、時間性と空間性を帯びるなかでXさんの人生観に影響を及ぼしたのは間違いない。しかも、両親にも変化をもたらしている。このような現象を、従来の野外教育研究の文脈に乗せることは可能なのだろうか。客観性や再現性により普遍を見出そうとする価値観の上に置くことはできるのだろうか。

　単発的な事業としての農業体験、漁業体験、民泊体験等々は、野外教育の実践としても研究対象としても取り扱いやすいだろう。しか

しXさんの人生そのものについては、従来の野外教育実践や研究のように自然科学的視座から普遍性を獲得しようとすることは絶対に不可能なのではないか。

1.2. 野外教育の研究における課題

　A君やXさんの事例のような現象について説明するには、現在の野外教育の実践と研究をめぐる状況では困難なように感じている。その理由として次の3つが考えられる。

　まず、最初に述べた「自己」「他存在」「自然」という枠組みでは、個別の文脈についての説明がしにくいことをあげることができる。これらの枠に収まりきれなかったり、これらの枠では解釈が難しかったり、あるいは枠組み自体が正しいのかどうか分からなくなったりする状況が個別の文脈では起こりうるのである。

　次に、「はじめに」で述べた「現代的お墨付き」とは異なる次元にも野外教育の価値が存在している可能性があげられるであろう。「野外教育の木」で例えるなら、リンゴを育てていたはずが収穫できたのはブドウだったというような出来事が起こり得るのである。こちらの方がより野外教育について示唆的ではないだろうか。

　そして最後に、野外教育の本質的理解が未だ不十分なのではないだろうか。例えば、「自立できた」「協力できるようになった」「自然に興味を持てるようになった」などといった定型句に収まりきらない、本質的な部分が不明瞭なのではないだろうか。

　　「1人1人の出来事や体験とは一体どのようなものなのだろうか？」
　　「野外や自然とは、はたして何なのであろうか？」
　　「そこで起こる出来事や体験は、誰がどのように、いつ意味を見出すのであろうか？」
　　また、「教育としてはどう考えられるのであろうか？」

結局のところ、ここで列挙したような問いに答え得るような「野外教育の本質的理解及び整理」に向けての探求が未だ十分になされていないのである。
　それこそが野外教育の現状であり、最大の課題でもあると筆者らは捉えている。

2.「野外教育」理論の現在
ー「野外」ならびに「教育」概念再解釈の必要性ー

　ここまで触れてきた野外教育ならびに野外教育研究の現状を打破するために、本書では、まず野外教育の本質的理解に取り組もうと思う。そこで第 1 章の後半では、この課題に取り組むにあたりいくつかの基礎的な事柄について整理しておく。具体的には、野外教育に関する代表的な定義を概観し、その問題点についての検討を行っていく。それらを踏まえ、野外教育という用語を構成する「野外」概念を再検討する必要性について言及し、また、同様に「教育」概念についても再検討を要する理由について述べていくことにする。

2.1. 欧米出自の「野外教育（outdoor education）」

　周知のとおり、近代における我が国の学術研究は欧米列強からの輸入学問が中心であった。この潮流は、その後の西欧機械論に立脚した科学至上主義的価値観の加速的な浸透を我が国にもたらした。この価値観はルネ・デカルト（以下：デカルト）の主張に端を発するもので、これにより、現代科学の発展及びその日常への応用は急速に勢いを増し、デカルトが主張した機械論的自然観（宇宙論的自然学及び機械論的生理学）[2]は生活の隅々まで浸潤していった。
　このように現代に名を連ねる先進諸国が目覚ましい変化を遂げる時代の中で、その潮流へのカウンターとして、1943 年のアメリカで L.B. シャープにより用いられたとされる"outdoor education"[3]が広まった。そして、その訳語として「野外教育」が我が国に紹介され普及することとなった。

以上のような起源を持つとされる野外教育であるが、アメリカにおける代表的な野外教育の定義にはどのようなものがあるのであろうか。

　当時の全米体育・レクリエーション協会（AAHPER）は「野外教育とは、野外での学習をいうのであり、天然の諸資源および野外という場で見い出される生活の場と直接結びつく、教師と子どもの学習活動を包含するものである。換言すれば、教育の目標を達成するために、自然環境を楽しみ、理解し、賢明に利用することを含むところの直接的な学習経験により、野外教育は構成される」[4]と定義している。

　また、我が国においても広く認知されているDonaldsonの野外教育の定義は、

　　（1）野外における教育（in outdoor）
　　（2）野外についての教育（about outdoor）
　　（3）野外のための教育（for outdoor）

といったものである[5]。

　その他、定義に関する論考はいくつか存在するが[6]、野外は戸外であり、そして限りなく自然という概念と近似もしくは代替可能なものとして位置づけられているという点ではそれぞれ共通している。

2.2. 我が国における様々な「野外教育」の定義

　井村は我が国における野外教育の源流は、野外教育の要素とされる冒険教育と環境教育とが見られる修験道にあるとの指摘をした[7]。しかし、現在定着しつつある我が国の「野外教育」という用語は、一般的には欧米（特にアメリカ）由来の"outdoor education"の訳語とされている。

　著者の江橋によるアメリカへの留学経験を基に記された「野外教育の理論と実際」は、我が国における野外教育普及の黎明期における古典的教科書としてあげることができる。この中で先のDonaldson

の定義である、(1) 野外における教育：in outdoor、(2) 野外についての教育：about outdoor、(3) 野外のための教育：for outdoor が紹介された[8]。そして、これに加え日本の社会、教育の現状を考え子ども達の中に健全な市民意識（自他の正しい相互理解に基づく人間的価値－友情・正義・奉仕など－の理解、民主的な課題解決能力の育成など）を涵養することを目的とした (4) 野外による教育：by outdoor を加え、以上4つを野外教育の主要な内容とすべきとした。この in、about、for、by はその後の日本における野外教育分野においても広く受容されるところとなった。

また、1996年に当時の文部省（現：文部科学省）に提出された報告書に「青少年の野外教育の充実について」がある[9]。その中で野外教育は「自然の中で組織的, 計画的に, 一定の教育目標を持って行われる自然体験活動の総称」と定義されている。ここでの「自然体験活動」とは、

(1) 野外活動（キャンプ、ハイキング、スキー、カヌー、等）
(2) 自然・環境学習活動（動植物、星、等の観察）
(3) 文化・芸術的活動（自然物を使った工作、自然の中での音楽会、等）

と説明されている。

近年刊行された「野外教育の理論と実践」[1]では野外教育（outdoor education）における「野外」の言葉のもつ意味合いは「自然」とほほ同義と考えられるとしたうえで、以下のように野外教育を再定義した。

「野外教育とは自然の中で組織的・計画的に一定の教育目標を持って行われる野外活動・自然体験活動の総称で、(1) 自然、(2) 他存在、(3) 自己についての創造的、調和的な理解と実践を直接体験を通して育む統合的・全人的な教育である」

そして、最終的に野外教育における「三大学習観点（要素）」として提言されたものは、

1) 個人と地球・自然環境との関わり
2) 個人と周囲出来事（他存在）との関わり
3) 個人とその人自身（自分自身）との関わり

というものであった。

2.3. 野外≒自然の問題　－新たな「野外」概念への要請－

　ここまでアメリカ及び我が国における一般的な野外教育の定義を概観してきた。それらは全て野外教育における「野外」を≒（おおよそ、ほとんど）「自然」とする前提を採用した。しかしながら、この立場は野外教育実践の内実を的確に表し、また、当該分野の発展に寄与するものであろうか。なぜならば、この野外≒自然という立場にはいくつかの難点が考えられるからである。第一に、現代語の自然には無意識的な自然科学的イメージの刻印や抽象性が付与されている可能性があり、野外教育が客観的自然・自然科学的自然に関心を強く向けるならば教育としての可能性を自ら狭める恐れがあげられる。また第二に、「自然」の字義・語源からの問題が指摘される。この言葉は中国由来の「自然（じねん）」と欧米出自の「nature」を語源とし、特に「nature」由来の「森羅万象」の意も包摂するため、すべての現象を含むイメージにより議論を曖昧にしてしまう。第三に、体験を第一義とする野外教育実践は抽象的イメージの「自然」ではなく身体を介して具体的な事物と関係をもつ。この具体性が「自然」という言葉のもつ抽象性に適切に反映されにくいという点である。
　これらの指摘は、野外教育実践の企画・運営・指導のみならず、当該教育分野の啓蒙・普及・発展といった野外教育の価値にも影響を及ぼす要因と考えられ、「野外」概念の再検討は重要な課題といえる。

2.4. 野外教育における「教育」概念再考の必要性

前項までは野外教育における「野外」概念に焦点をあててきたが、ここでは野外教育におけるもう一つの鍵概念である「教育」について検討を加えてみたい。

先にも述べたが、1997 年に日本野外教育学会が設立されて以降、研究課題としてたびたび指摘されることとして、その原理的、哲学的研究の未整備があげられる。学会設立年には、『野外教育研究』第 1 巻 1 号において、既に井村 [10] が原理、哲学や理論面といった人文社会科学分野における基礎科学的研究の遅れを課題として述べ、その後も同様な指摘が繰り返されている [11]。そして学会設立 18 年目の 2015 年現在においてもその課題が顕在していると言える [12]。

その要因として考えられるのは、これまで述べてきたように、「野外教育という場合の野外とは何か」、また「野外教育とはどのような教育なのか」が曖昧で定義づけしにくいことが考えられる [13]。加えて、野外での「体験」を介在させた教育であるという野外教育の特性に付随する「体験とは何か」という問いをあげることができる。

しかし、近年になってこれらの課題に対するアプローチが試みられている。土方 [13] は 2013 年の日本野外教育学会第 16 回大会において、野外教育における「野外」の概念についての検討を試みた。野外を単に戸外や自然と捉える難点について述べた上で、人間の営みが刻印された「場所」や「風土」という観点の有用性、必要性を指摘している。それらの視点を得ることにより、人間の暮らしや生活、あるいは人間の存在そのものに根ざした教育として捉えることが可能になると述べ、さらなる理論的整備を課題としてあげた。続く 2015 年には、ハイデガーによる存在論を援用しつつ和辻哲郎の風土論の有用性について検討がなされた。そして野外教育の内実について、「自然環境を中心として醸成される風土及び風土性との関わり合い」であると表現した [14]。

また土方が用いた「風土」あるいは「場所」というキーワードに関連して、前田 [15][16]、高野 [17] が近接する発表をしている。まず前田 [15]

は、産業成長社会の近代的な特質は普遍への志向性であるとし、それが具体的、個別的な「場所のセンス」を均質な空間へと変容させることを指摘した。そしてその危険性は野外教育にも認められるとしている。またその報告に続くように、「場所に感応する野外教育」として 4 つの指針を提示している[16]。また高野[17]は「Place Based Education：場や地域に根ざした教育」という考え方や、世界各地の報告について取りまとめている。それらは、暮らし、社会、経済、事業、自然環境、動植物、文化、芸術、伝統、光景などすべてを含む「場所」に注目するものであった。

このように近年、野外教育における「野外」については、「風土」や「場所」などの概念を中心に一定の知見が積み上げられてきていると言えるものの、「教育」に関しては、日本の野外教育研究においては、あまりにも自明の存在として追求されることは皆無であった。

今日、広く社会で一般的に行われている教育活動には多様な分野があり、専門化・細分化が進んでいるように思われる。野外教育も、冒険教育と環境教育等から構成されると理解されているところだが、裏を返せば個別化が進んでいるということであり、その本質が見えにくい状況にある。また野外教育では体験学習法と呼ばれる指導法が重視されているが、その体験についても、その位置づけや本質論について問われることはほとんどなかったように思われる。

前節で示した仮想的事例でいえば、筆者らは X さんの事例についても野外教育であると考えている。しかしながら、野外教育が哲学的な反省的態度を持たずに、現代的な教育成果のみに着目する場合、A くんの事例については野外教育の範疇に収めて理解することも可能であろうと思われるが、X さんの事例についてはそれが教育と言えるのかどうか、疑問を抱く読者が多いと推察できる。

いま必要とされるのは、改めて教育の本質に立ち返り、教育とは人間にとってどのような営みなのかを原理的、歴史的に概観し、検討することであるといえる。また、体験についても人の生活の営みや教育においてどのように位置づけられ、調査研究対象として分析されて

きたかを概観した上で、今一度整理することが必要であろう。教育や体験の本質および全体像を明らかにすることを通して、現在一般的に理解されている野外教育の課題や限界、また可能性や展望について示そうとする試みであり、これは極めて重要な課題といえる。

3. 野外教育の理論的課題

　ここまで述べてきたように、野外教育はその実践性の高さゆえか理論的検討があまりなされてこなかったように思われる。これは「野外教育とは何か」という教育実践ならびに研究活動に必要不可欠な本質的問いの欠如にも具体的に表れているといえる。

　本書ではこの課題に対して「野外教育における野外」「野外教育における教育」という、これまで自明のこととしてあまり取り上げられてこなかった二つの概念に注目し根本的な問いを発している。そして「野外教育における」という前提を付した上でそれら概念の新たな解釈を試みるものである。

　これにより「野外教育とは何か」という問いに対する理論的解釈が与えられ、当該分野の教育実践及び研究の発展に寄与することが期待される。

【注】
1) 小森伸一(2011)：野外教育の考え方、自然体験活動研究会編、野外教育の理論と実践、杏林書院、東京、1-11
2) 小林道夫(1997)：哲学の歴史5 デカルト革命、Ⅳデカルト、中央公論新社、東京.
3) Sharp, L. B. (1943). Outside the Classroom, Education Forum.7(4), p. 361-368.
4) 野口和行 (1994)：野外教育及びその周辺領域の概念について、体育研究所紀要、慶應義塾大学体育研究所、第12巻、119-129.
5) Donaldson, G. W. & L. E. Donaldson. (1958). Outdoor education - a definition. Journal of health, physical education, and recreation, 29, p. 17.

6) 星野敏男(2012):「野外教育の体系化」-その文化と統合について-、野外教育研究 15（1）:11-17
7) 井村仁(2006):我が国における野外教育の源流を探る、野外教育研究 10(1):85-98
8) 江橋慎四郎（編著)(1987): 野外教育の理論と実際、杏林書院、東京、p.43-44.
9) 青少年の野外教育の振興に関する 調査研究協力者会議(1997):「青少年の野外教育の充実について」、文部省、東京.
10) 井村仁、橘直隆（1997）:野外運動に関する研究論文データベース作成と研究動向の分析、野外教育研究 1（1）:33-44
11) 岡村泰斗、関岡東生、坂本昭裕、川村協平（2002）:日本野外教育学会の未来を開く（研究の展望）、野外教育研究 6（1）:10-28
12) 星野敏男(2015): 日本野外教育学会ニュースレター70:2-3
13) 土方圭(2013):野外教育における「野外」概念の検討、日本野外教育学会第16回大会プログラム・研究発表抄録集、84-85
14) 土方圭(2015):野外教育における「野外」概念の検討-第二報-、日本野外教育学会第 18 回大会プログラム・研究発表抄録集、76-77
15) 前田和司（2009）:場所のセンスと野外教育-A.Brookes の議論から-、日本野外教育学会第 18 回大会 プログラム・研究発表抄録集、78-79
16) 前田和司（2015）:「場所に感応する野外教育」は何を目指すのか、日本野外教育学会第 18 回大会 プログラム・研究発表抄録集、72-73
17) 高野孝子（2014）:PBE 地域に根ざした教育-持続可能な社会づくりへの試み-、海象社、東京

第2章　野外教育における「野外」概念の再解釈　－風土概念を手掛かりとして－

1. はじめに

19世紀末から20世紀初頭にかけて欧米を中心として隆盛した進歩主義思想及び経験主義教育思想を背景に野外教育は発展したとされる[1]。一方で、我が国で野外教育という用語が使用されはじめたのは1923年といわれる[2]。しかし、それ以前に我が国において野外教育という用語が用いられていたという報告[3]は興味深く、その用語起源の解釈においても検討の余地を残しているといえよう。

各学問分野の基礎となる「用語」及び「概念」の定義は野外教育分野においても様々に試みられてきた。環境教育と冒険教育からなる複合領域として野外教育を位置づけるもの[4,5,6]教育の手段として野外活動（自然体験活動）を扱うといったもの[7]、さらには、野外が単に「戸外」や「屋外」とされ外で行う教育活動といった理解のされ方も未だ根強く存在する[8]。

文部科学省は平成23年度の学習指導要領より、すべての就学年代における教育理念として「生きる力」を掲げている[9,10,11]。これに先立ち、中央教育審議会ではこの生きる力に資するとされる野外教育を「自然の中で組織的、計画的に、一定の教育目標を持って行われる自然体験活動の総称」と定義した[7]。しかし、これでは「野外活動」や「自然体験活動」を教育的に用いたという説明にとどまってしまう。これと関連して当該分野では「野外」がなぜ教育的なのかといった原理的な検討は極めて少なく[12]、現状では野外教育とは何で、そ

の何が効果的なのかといった問いに説得力を持って回答し社会に了解を得ることは困難である。野外教育において、その教育実践や研究を活発化させていくためには、野外教育における「野外」とは何かの解釈を試み、野外教育を教育足らしめている要因について検討する必要がある。

そこで本稿では、野外教育に教育としての方向づけを行っている「野外」という用語について再検討を行い、より実践的な教育的意義を付与する視座を獲得するための新たな解釈を試みるものである。

2.「野外」概念を再解釈する試み

本稿の第 1 章において、野外教育の定義に関係する先行知見を概観し「野外」≒「自然」という現状についての問題点を指摘してきた。このような問題意識を受け、ここでは束原によりなされた野外教育への風土概念導入の試みを批判的に検討することを端緒として「野外」概念の再解釈を試みてみたい。

2.1. 束原による野外教育への「風土」概念導入の試み

野外教育における「野外」≒「自然」という現状に疑義を呈し新たな地平を拓こうとした研究に束原の試み[13]があげられる。束原は教育として明確な位置づけと指針を与えられていない野外教育の現状に言及し、野外教育への「風土」概念の導入を提案した。ここでは「野外教育」「野外活動」「自然」「風土」という各概念の検討が用語の整理を中心になされ、以下のようにまとめられた。

1) 「自然」概念を自然科学的観点に偏重させることなく社会・人文科学の対象として、さらには科学の枠組みを超え哲学的対象とする
2) 「風土」概念は自然概念に比して社会・人文科学及び哲学的対象として捉えられる文脈にある
3) 野外教育の目標が自然科学的理解に留まらず個人的社会的生活とその文化理解をも含むならば、風土概念のほうが自然概念に比べより高い整合性を持つ

これら主張には野外教育の理解に新たな視点を与えたという点で一定の成果を見てとれる。しかしながら「野外教育に教育としての明確な位置づけと指針を与える」という野外教育の現状を打破する目的に対して決定的な説得力を与えるには至っていないように思われる。なぜならば、研究の手続きが関連する用語の整理に終始し、考察を導く議論の展開が説得力に欠けるような印象を与えるからである。また、最終的に野外教育について風土概念を援用しながら新たに定義するまでには至っていない。とはいえ、この束原の着想には、野外教育の価値に関する原理的検討に新たな視座をもたらす可能性を看取することができる。

　そこで束原の「風土」への着目を継承しつつ説明・説得への理路を整理するために、我が国で最も代表的な風土論者であり、束原の論究でも扱われている和辻哲郎（以下：和辻）の「風土」[14]に立ち返り、束原とは異なる視点から風土概念が野外教育に資する可能性の探索を試みる。

2.2. 和辻哲郎の「風土」　その理論的枠組みの概要

　和辻はその著書『風土-人間学的考察-』において、風土の語に哲学的反省を加えて風土を人間存在の構造契機に関する理論的なキーワードに仕立てた。この著書の構成は大きく二つに分けられる。一つは風土の定義ないし風土理解のための理論的枠組みの提示であり、もう一つは風土の類型化および記述に関して、である。後者の風土の類型化および記述に関しては様々な批判がなされその不備が指摘されている[15]。さしあたり本研究における関心は、和辻がわざわざ「人間学的考察」と副題を付した「人間」の考察であり、人間学に資するものとして風土をどのように捉え直したのかにある。すなわち、興味は前者の風土概念の定義ないし風土理解の理論的枠組みにある。先述のように和辻の風土概念は様々に批判を受けているものの、ほとんどの風土論者が無視することはできない程に大きな影響を及ぼしている。

　繰り返しになるが「人間学的考察」という著作の副題にもあるように、和辻の関心は人間学であり抽象ではない人間存在の直接の事実である。そこでは、風土に対して主観と客観、人間と自然に分離して捉える近代の二元論を批判する現象学に立脚し、あらゆる現象を関

わりの経験（志向性）と捉える立場が見出されている。元来の風土という術語は、その語法において先に指摘した自然と同じように大きく二つに分裂していた。一つは気候と地形を表す気象学・地理学的方向性として、もう一つは土地の人々の気質・精神・文化を意味する方向であった。このような風土を和辻は、自然現象にも文化・精神現象にも還元せずに「人間存在の型」であり人間の「自己了解の仕方」と捉えたのである。

このような和辻風土論を亀山[16]は以下のように整理している。

1) 人間と自然の関わり、人間の共同を介した関わり（関わりあい、間柄：自然条件と文化・精神的営みが一体となった関わりの空間）
2) 歴史的な人間存在のあり方（歴史性：先人達の関わりの歴史が刻印されている）
3) その土地の人間の共同的あり方（存在の型、様式：生活様式。風土は人間の肉体である）

和辻の風土とは、人間の存在について自然を中心として、空間性（場所性）、時間性（歴史性）そして身体性から論じたものといえる。

以降、この風土に関する主張が「野外」概念の再解釈に貢献し、野外教育に教育としての確固たる地位をもたらす可能性を有するか検討を試みる。

2.3. マルティン・ハイデガーの「存在論」

野外教育に教育としての明確な位置づけと指針を与えるために、先の「風土」概念を援用することが「野外」概念の再解釈に貢献するのであろうか。ここで注意すべきは、束原のように用語を整理して「自然概念よりも風土概念のほうがより整合性があるのではないか」といった説明の理路ではなく、人間の存在の仕方を論拠とするようなラディカルかつ丁寧な議論を展開することである。それがなされるならば、教育的位置づけ及び指針を与えるに足る概念として、野外概念の再解釈に十分資するという説得力を持つであろう。つまり、我々が目指すべきは、論理的整合性を維持しつつ議論をすすめ、和辻が従来ある「風土」概念に対して行った試みと同型の仕方で、現状の

「野外」概念を野外教育の実践性を反映した真の理論的キーワードに仕立てあげることである。

ところで、和辻はその著書『風土』の序言において「自分が風土性の問題を考え始めたのは1927年の初夏ベルリンにおいてハイデガーの『有（存在）と時間』を読んだ時である」と記し、当該著書の執筆契機がマルティン・ハイデガー（以下：ハイデガー）の著述であることを明言している。

一方、筆者は先行する研究において、野外教育における自然環境の空間性に着目し「場所」及び「場」の検討を行った。そして野外教育における「場所」への存在を「体験」と同義とし「場所」を第一義的な要因と指摘した[17]。ここでは Donaldson による野外教育の定義「outdoor education is education in, about, and for the outdoors」、すなわち「in：野外における」「about：野外についての」「for：野外のための」教育[18]が援用され、その中でも特に「in：野外における」に焦点化された。この「in」は場所を表す前置詞であり、そこから野外教育を構成する重要な要素が身体の所在＝「場所」であると解釈した。そして、原理的な検討により、何か特別な体験ではなくとも身体がある空間に存在することはそれ自体が「体験」であるとの解釈を行った。これにより、野外教育における体験の第一義性は野外に存在すること（野外という場所に身体を置くこと）：in the outdoors といえ、以上のような理路をもって先の解釈に至った。

これと関連して、Place based education（PBE）、場の教育、地域に根ざした教育等において多数の研究を整理した高野[19]は、「場」及び「場所」研究の多くはハイデガーの「世界−内−存在」（In-der-Welt-sein：being-in-the-world）を援用し、その存在論に依拠しながら「関係性」において場所及び場を認識していることを指摘している。このように、和辻が風土を構想する契機となり、また、野外教育に関係深い多くの場所及び場の研究が立脚するハイデガーの存在論とはいかなるものであろうか。そこには「野外」を「風土」で架橋し再解釈するための論拠となるような示唆が期待される。

そこで本章では、20世紀最大の哲学者と目されるハイデガーの「存在論」について取り上げ、その主張の要点を読み解いていく。著作『存在と時間』の序論においては、時間性の現象の中に存在論の根源的な中心があると宣言されている。しかしここでは、本稿の目的であ

る「野外教育の教育的位置づけ及び指針に資する野外概念の再解釈」に鑑み、その全体の分析過程における人間の存在の分析（現存在分析）にのみ着目する。

　ハイデガーは1889年に南西ドイツの小都市メスキルヒに生まれた。その主著『存在と時間』において存在（ある）とは何であるかを問うたがこの著書は未完に終わった。この大著では現存在（人間）という存在についての分析をその始まりとする。ここでは難解なハイデガーのテキストについて、渡辺訳のハイデガー『存在と時間』[20]を中心に、岡本の「現存在の予備的な基礎的分析（その1）」[21]及び宮原の「現存在という規定について」[22]を手掛かりとして現存在についての理解を試み、人間の存在の仕方について接近を試みる。

1）現存在

　ハイデガーは、まず「存在（ある）」について考えることができる存在者を現存在と名付けた。人間という言葉は使用しなかったが、この現存在が我々人間を指していることは自明である。まず、難解なハイデガーの現存在に関する分析について取り上げる。

> 「その分析が必要になっている存在者はそのつど私のものである。この存在者の存在において、この存在者はそれ自身おのれの存在へと態度をとっている（p.105）」[20]

　このハイデガーの分析について岡本は以下のように補足的解説を行っている。

> 「人間が存在しているということは、とりもなおさず人間が何ものにもまして己の「存在」を「気遣って」いるということに他ならない。すなわち人間は常におのれ自身の「存在」にかかわりつつ存在している。　〜中略〜　人間はそうしたもろもろのものへの気遣いをとおして、究極的には、ただひたすらおのれ自身の「存在」へとかかわり続けているのである（p.75）」[21]

　この疑いのない、ただひたすらなおのれ自身の「存在」への関わり

続けを、ハイデガーは「存在（らしきもの）」が人間にとっておぼろげながら了解されている状態と主張する。つまり「存在」は人間に開示されているというのである。換言するならば、人間とは「現：Da」に「存在：Sein」がおのれを現している「場」なのであり、故に、人間は「現存在：Dasein」といえる。

　このようにしてハイデガーは「存在」とは何かの探求の端緒として、「存在」がおのれを開示している「場」といえる現存在の「存在」を分析した。

2）可能的存在

　先述のように、現存在はおのれの「存在」こそが究極的な気遣いの対象なので、それぞれ固有の自己自身として存在しているといえる。そしてこの現存在の特徴として以下の点をあげている。

> 「また現存在は、存在するあれこれの仕方においてもそのつど私のものなのである。いかなる仕方において現存在がそのつど私のものであるのかは、すでにつねに、どのようにかして決定されてしまっている（p.107）」[20]

　このように不可避的に自己自身で在ることをその本質とするが、岡本はさらにハイデガーの分析する現存在の性質について以下のように説明する。

> 「そのつど性格づけられた（規定された）おのれ自身から常に脱け出て、新たなるおのれ自身で在りうること、つまり可能的に新たなるおのれ自身であること（可能的存在）こそが、人間の本質をなしているのである（p.79）」[21]

　つまり、この現存在が真に自分自身として存在しうるためには、他人のものではなく、そのつど自分のものである存在に関わりつつあるのでなければならないと同時に、こうした「そのつど私のものであること」が現存在に特有な存在性格の一つをなしているのであり、また、「そのつど規定された自分が関わっているところの自分」から常に抜け出て「新たな自分であることが可能な存在」が現存在の本質で

あるとした[22)]。

3）本来性、非本来性

　そしてハイデガーはこの現存在について、二種類のあり方の可能性（可能的あり方）を提示した。

>　「現存在がおのれを喪失してしまったり、まだおのれを獲得しおえていなかったりすることができるのは、現存在が、おのれの本質からみて、可能的な本来的なものであり、言いかえれば、我がものとしておのれに委ねられているものであるかぎりにおいてのみである。本来性と非本来性という二つの存在様態は 〜中略〜 現存在が、総じて、そのつど私のものであるという性格によって規定されているということのうちに、その根拠を持っている（p.108）」[20)]

　この本来性及びそれにともなう非本来性について岡本は以下のように解説する。

>　「現存在の本来性とは、現存在がおのれ自身の存在―それがどれ程苦悩や悲嘆に満ちていようとも―を引き受けつつ存在することである。気晴らしや日常的営為への自己忘却からおのれ固有の存在へと呼び戻されている在り方のことである。現存在がおのれの死から逃避せず、おのれの苦悩をおのれの苦悩として引き受け、おのれ自身の存在のあらゆる重荷と責任とを負わんとする在り方こそ、現存在のおのれ自身をおのれのものとしつつあることとしての「本来性」なのである（p.81）」[21)]

　そして、この本来性は現存在の終末である「死」への先駆（死を意識し覚悟すること）によって獲得されるとした。自分の死への自覚（先駆的決意）によって投企の仕方に変化が起こり、自己自身であろうとする可能性（本来性）がもたらされることになる。
　それに反して「非本来性」とは、現存在がそのつどおのれのものであるべき存在を真におのれのものとはしていない存在の仕方のことで、おのれの死から目を背けたり、長いものにまかれたり、自分の生

を直視しないあり方のことである。しかし、これは「低次」という意ではなく、ハイデガーは非本来性について以下のように説明する。

> 「むしろ非本来性は、もっとも充実した具体化にしたがって、現存在を、その多忙、活気、利害、享楽力において規定しうるのである（p.108）」[20]

この点について宮原は以下のように解説している。

> 「しかし、ハイデガーは用心深く、この非本来性についての価値的評価を厳しく斥けている。非本来性あるいは日常性と言っても、存在の程度が低いわけではない。非本来性とは、次のような生き方をしている日々の現存在の具体相を言うのである。それは、多忙である、活気がある、何ものかに興味を持っている、楽しみを味わうといったことから成り立っている存在可能性である（p.28）」[23]

4）世界内存在

世界内存在とは、今まで見てきた「そのつどわたしのものであること」「本来性」「非本来性」といった現存在のいくつかの存在規定を統括している現存在の根本的な存在機構である。現象学辞典によると、世界内存在とは、孤立した人間が、それ自体完結した外的世界に対して認識主体として向かい合い、接近してゆくという近代哲学の基本的な構図を排し、自分が常にすでに一定の世界内にいることを既成事実として見出すほかない人間のありようを強調するもの、と記されている[24]。

5）ハイデガーの「実存」

ここまで見てきたように、現存在は以下のように書き表すことが可能な存在である。

(1) 気づいた時にはすでに世界の中（内）に投げ込まれている（被投性）。
(2) みずからを未来へ投企する世界内存在である。この未来へ

の投企は、そのつど規定された自分自身を脱け出る（外に出る）という仕方でなされる。
　（3）この脱自（外に出る）には本来性と非本来性という可能性が孕まれている。

　そして、ハイデガーは以上のような仕方で世界内において常に新たな自分自身でありうる存在として存在する現存在自身の「存在」を特に「実存」と名づけた。実存を意味する英語：existentia はその由来を ex‐sistere（外に出る、外に出で立つ）というラテン語にもつ（この点については後に詳述する）[25]。この「実存」について再び現象学辞典を紐解くと、可能存在・本質存在に対する現実存在・実現存在が原義であり、立ち出る・出で立つ・立ち現れる働きとその結果とされ、ここから普通は生存・現存・存在の意味に解されている[26]。つまり実存の起源は「外に出る」ことと解釈することが可能なのである。
　ここまでハイデガーの現存在について足早に見てきた。現存在とはア・プリオリに世界内に存在し、常に「外に出ている」「外に出て、曝されている」存在と言える。そしてこの脱自は未来への可能性（肯定及び否定の両側面において）といえる。現代文明・社会で「個人（近代的自我）」への執着や不確定性の忌避により排除されようとしているこの脱自による「未来の可能性（不確定性）」が実存の本質といえるであろう。
　では、和辻はハイデガーが主張する「外に出る」という人間の在り方（実存）をどのようにその風土理論に反映及び体系化し、彼が提唱する人間存在の規定としているのであろうか。
　ここで再び和辻の主張を確認してみたい。

2.4. 和辻哲郎における空間性の強調

　冒頭に述べたが、和辻はハイデガー存在論を「風土構想の契機」としている[14]。和辻はハイデガーの時間性に基づく存在論を批判的に検討し、時間性とともに当然前景化してくるであろう空間的要因が強調されていないことを指摘し、ハイデガー存在論の乗り越えを試みた。これにより和辻の人間存在の構造契機が風土（空間性）へと展開されていった。

ここでは和辻が人間存在の構造契機とする風土についてみることにする。

1) 風土の現象（風土による自己了解の仕方）
和辻はまず寒冷についての例をあげる。

> 「寒さを感ずるとき、我々自身はすでに外気の寒冷のもとに宿っている。我々自身が寒きにかかわるということは、我々自身が寒さの中に出ているということにほかならぬのである。かかる意味で我々自身の有り方は、ハイデガーが力説するように、『外に出ている』ことを、従って志向性を、特徴とする (p.12)」[14]

ハイデガーと同様に、和辻も「外に出ている」という存在の仕方が我々自身の構造の根本的な規定と主張している。そして、これは和辻の以下のような表現に現れる。

> 「寒さを感じるのは一つの志向的体験であるが、そこにおいて我々は、すでに外に、すなわち寒さのうちへ、出ている己を見るのである (p.14)」[14]

つまり、寒さを感じることにおいて、我々は寒さ自身のうちに寒気というような「もの」「対象」を見出すのではなく「出ている己れ」自身を見出すと主張する。

2) 間柄

> 「寒さを体験するのは我々であって単に我のみではない。我々は同じ寒さを共同に感ずる。だからこそ我々は寒さを言い表す言葉を日常の挨拶に用い得るのである。我々の間に寒さの感じ方がおのおの異なっているということも、寒さを共同に感ずるという地盤においてのみ可能になる (p.14)」[14]

和辻にとって、「外に出ている」という人間の存在の仕方は、先に

例示したように、寒気のうちに出ていることにおいてだけではなく、それに先立ってすでに他者のうちに出ていることにおいて成立している。つまり好むと好まざるとに関係なく、私たちはすでに他者との関係性の中に存在している複数形（我々）としての存在なのである。そして、このような人間の存在の仕方は、特に自己と他者といった視点からは次のように表現される。

「他人において己れを見いだし、自他の合一において絶対的否定性に還り行く（p.25）」[14]

これは、和辻が、人間存在の本質とするところの「規定されている状況から抜け出ようとする脱自」すなわち「超越」[22]を人間存在の絶対的否定性の運動、すなわち、個（個人）を否定して全体（自他の合一）へ、また全体（自他の合一）を否定して個（個人）へという「否定の運動」として解しているからなのである。このような動的な構造をそなえた人と人との間柄は、自分と他者がそこから析出されうる地盤として、本来すでに「外に出ている」場面にほかならないとまとめられている。著書『風土』においては引き続き寒気の例において以下のように記述される。

「寒さにおいて己れを見いだすのは根源的には間柄としての我々なのである（p.26）」[14]

星野[27]は「超越」の最初の要素を先に述べた「否定の運動」とし、それに続く二つの要素について以下のようにまとめた。まず一つ目は以下のようになる。

「間柄の時間的な構造に応じて、超越は第二に歴史性という意義を帯びる。未来へと出て行く（先駆ける）ことにおいて過去へと出て行く（還る）のは、個人意識ばかりではなく、間柄そのものなのである。和辻に言わせれば、むしろ個人意識における時間性は、間柄のこの歴史性を地盤としそこから抽出されたものにすぎない（p.19）」[27]

これは間柄の時間的構造が、既に外に出ていることつまり未来へ向かって既に出て行っているものであり、未来へと出て行くことは同時に過去を生成し続けると捉えられることに由来している。そして、先の間柄の「否定の運動」に鑑みれば、その未来への先駆けと過去への帰還は間柄において生じる現象なのであり、ここにおいて歴史性が宿るということである。
　引き続き、最後の一つについては以下のように主張する。

　　「間柄の空間的な構造に応じて、超越は風土的に外に出ることである。すなわち、間柄としての我々が風土において我々自身を見出すのである。それは具体的には「共同体の形成の仕方、意識の仕方、従って言語の作り方、さらには生産の仕方や家屋の作り方」などにおいて現われてくる。しかも、ここで重要なことは、この歴史性と風土性とが相即不離の関係にあることによって、歴史が肉体性を獲得するということである。その意味でも、「風土」はたんなる空間というよりは時間や歴史の重層をもそのうちに取り込んだ「主体的肉体性」にかかわる論考として構想されているのである（p.19）」[27]

　このように、人間存在の二重性格、つまり我ではなく我々（間柄）という人間構造の規定により、時間性（歴史性）に即して同時に空間性（風土性）が現れるという指摘をした。これはハイデガーの主張がより個人に焦点化しているのに対して、間柄を人間存在の契機と捉える際に生じる和辻とハイデガーの差異と考えることができる。

2.5. 野外教育における「野外」概念の再解釈－関係概念への転回－
　ここまで、ハイデガーと和辻における人間の存在規定についてみてきた。これら二人の提示した人間の存在の仕方は野外教育における「野外」という存在の仕方（教育の仕方）に何を照射し、また野外概念の再解釈にどのような補助線を引いてくれるのであろうか。
　ハイデガーの主張の要諦は、人間は世界内存在として既に「外に出ている」存在であること、そして、その存在規定による可能的存在としての「人間の存在の仕方＝実存」の提示であった。我々が存在する現代社会はデカルトに端を発する二元論的、機械論的世界観の影響

を根強く受けている[28]。意識主体、個人として人間は存在していると思い込む傾向が強い。しかし、ハイデガーの提示した人間の実存とは、気づいた時には世界内に投げ込まれており、外に出ている・開示されているという既に何かと関係を結んだ存在であった。そして、変化すなわち規定された自らを超え出る可能性（超越）を有する存在でもあった。また、人間が避けることのできない死への自覚こそが自己自身の投企に本来性をもたらすとしている。このような人間存在の仕方の理解は、人間は元来「外に出て」おり「露わ」な存在であるという「実存」を開示し、デカルトがもたらした近代的自我や機械論という西欧近代主義的価値観に対する対抗軸としても位置づけられる。

　一方、和辻はハイデガーの主張に人間の二重性格及び空間的要素を加味した「間柄」や自然からの影響に注目した「風土による自己了解」を提示した。これは、先の近代的自我と同根の合理的、機械論的世界観に基づく自然統制の発想（現代文明・社会の象徴的具体例を列挙するならば、強固なコンクリート壁による隔離、石油燃料による温度調整、巨大なダム設置など社会レベルでの自然排除である）を否定したハイデガーの主張を支持する人間観及び世界観といえる。加えて、ハイデガーの現象学とは主客を否定、つまり近代的自我（自我同一性の思想に支えられている）の否定であり、間柄などを提示した和辻の主張も同様と言える。

　現代文明・社会は自然統制による均衡（同一性）を志向する。そして実存と深く関わる統制不能な「死」を隠蔽し遠ざけようともする。これは人間（及びその社会）の存在規定という観点から見れば、超越の拒否、変化の拒否、可能的に存在することの拒否ともいえ、ハイデガー及び和辻の主張する人間の「実存」の否定ともいえる。しかしながら、和辻及びハイデガーの主張を是とするならば、人間の存在には本来「実存」性が宿っているはずである。

　ここまでの内容を受け我々が野外教育に資するために試みるべきことは、和辻が「風土」という用語を従来の意味から「人間学的考察」としての理論的キーワードに仕立てたように、「野外」という用語を戸外、屋外の意として留めることなく、野外教育に「人間学的考察」をもたらすような意味あるキーワードに仕立てることである。

　そこで、まず従来の「野外」という用語に再度注目しよう。辞書的な意味は「野原」「郊外」「家の外」「屋外」とされる。この意味は実

体的な概念としての「野外」であり、野外教育の文脈で「自然」と同義として捉えられる「野外」である。では、この用語に積極的な意味を見出すことができるのであろうか。和辻は「風土」について哲学的な反省を加え、現象学的分析により視座の変更を迫ることで新たな意味を見出し、最終的には風土を関係性に落とし込むことに成功した。「野外」概念についても、人間学的考察により関係性から風土を捉えた和辻同様に視座の変更を行うことで積極的な意味を見出すことができるのではないだろうか。具体的には「野外」概念について実体概念から関係概念へと転回を行い、関係論的な視座から解釈を試みるということである。すると「野外」は何かの覆いの「外」の意との解釈から「外に出る」「外に出ている」という関係性として人間学的に考察・解釈可能であるといえよう。

では、野外教育において「外（野外教育の実践において多くの場合自然環境であるが本稿はその前提を斥ける）に出る」こととはどのようなことであろうか。それは「現代文明・社会」という覆い・殻・シェルターから「出る」ことに他ならない。このように解釈することが可能であろう。

一方、先の existence(existentia) は実存、存在を意味する英語でありラテン語の ex-sistere をその語源とする[25]。ex-sistere は ex:接頭語として「外へ―」の意味を添える。また、sistere は「立つ、置く、設置する」などの意を有する。そしてこれが「外へ出る、現れる、生じる、なる、ある」等の意味をもつ ex-sistere になる。つまり人間の実存、存在とは本来「外に出る、外に出で立つ」ことをその成立契機とすると解釈可能である。

「野外」という用語に「出る」「出で立つ」という関係概念としての意を付加し捉え直すならば、「野外（外に出る）」とは、現代文明・社会（覆い・殻・シェルター）で阻害され隠蔽されているハイデガーが主張するところの人間の「実存」を「露わ（内部にひそむものが表面にあらわれている状態：広辞苑）」にすることと解釈できるのではないだろうか。このように機械論的世界観、意識主体、個人といった価値観を特徴とする現代文明・社会から「出る」こと（すなわち「野外」）にはハイデガーの主客分離（二元論）批判との相似を見て取れ、まさに現代文明・社会により隠蔽されている人間の実存が「外に出る」ことによって露わにされることといえる。そして露わになった人

間の実存性が、和辻が主張する自然との関わりにより人間存在を規定するところの風土に「曝される（日光や雨風のあたるままにしておくこと）」ことと解釈できるのではなかろうか。これこそが野外教育において「野外」という用語が担うべき関係概念としての側面と言えよう。

　ハイデガーの存在論と和辻の風土論を援用することにより野外教育における「野外」概念は転回され、人間の「野外（外に出る）」という存在の仕方、関わりの仕方が、人間の実存という視座とつながった。ここに野外教育における「野外」概念に、その教育的方向性としての「曝露：実存性を露わにする・風土性に曝す」という示唆が与えられた。

3. 風土及び風土性から再解釈された「野外」概念　－まとめ－

　ここまで、野外教育に教育としての方向付けを行っている「野外」という用語について再検討を行い、より実践的な教育的意義を付与する視座を獲得するための新たな解釈を試みてきた。

　従前の野外教育の定義では「野外」は「屋外」や「戸外」であり、また「自然」イメージとの近似を前提としていた。しかし、この立場では「自然」という言葉のもつ抽象性や自然科学的イメージにより「野外」教育実践の豊饒が失われかねないという難点が指摘された。

　そこで「野外」は「自然」であるという前提に疑義を呈し「野外」概念を「風土」概念から再解釈することを試みた。この再解釈では、ハイデガー存在論と和辻風土論を援用し、論理性を担保しながら「野外」概念を実体概念から実存的に「外に出ること」という関係概念に転回するに至った。

　以上より「野外」とは「人間が（近代的自我や機械論に代表される現代文明から）外に出ることによって（外に出る・出ていることを本質とする）人間の実存性を露わにすること。また、風土もしくは風土性に曝されること。及びそれら二つの相互作用」という関係概念として再解釈が可能であった。つまり、野外教育とは「現代文明から外に出ること（実践的な文脈では多くの場合「自然環境」）により人間の実存性を露わにする教育であり、それらと相互に作用しながら醸成されてきた風土及び風土性へ曝す教育」である。

4. 今後の課題及び展望

　新たな「野外」概念からみた野外教育の実践に資する原理の提示を行う必要がある。それは明文化という具体的な表現形式として求められるであろう。

　また、本稿においては野外教育における「野外」概念が検討の対象となったが、同様に「教育」概念についての検討も望まれる。

【注】
1) 林綾子、飯田稔 （2002）：アメリカにおける体験学習理論を取り入れた野外教育指導法について、野外教育研究、日本野外教育学会、第5巻第2号、11-21.
2) 鵜飼盈治 （1923）：日本アルプスと林間学校、同文館、東京.
3) 井村仁 （2008）：わが国において「野外教育」という用語が初めて使用された時期とその内容について、野外教育研究、11-2: 13-27.
4) Yaple, Charles H. (1997) : Envisioning Environmental and Outdoor Education, a journal of outdoor education. Volume 10, No.4: 11.
5) Simon Priest (1986): Redefining Outdoor Education: A Matter of Many Relationship , Journal of Environmental Education. Volume 17, No.3.
6) Bisson, C. (1998). The Outdoor Education Umbrella: A Metaphoric Model to Conceptualize Outdoor Experiential Learning Methods. ERIC, ED416049.
7) 文部科学省 （1997）：青少年の野外教育の充実について、文部科学省、東京.
8) 江橋慎四郎(1964)：野外教育、杏林書院、東京、33.
9) 文部科学省 （2009）：小学校学習指導要領、文部科学省、東京.
10) 文部科学省 （2010）：中学校学習指導要領、文部科学省、東京.
11) 文部科学省 （2011）：高等学校学習指導要領、文部科学省、東京.
12) 井村仁(1997)：野外運動に関する研究論文データベースの作成と研究動向、野外教育研究、日本野外教育学会、第1巻第1号、33-44.
13) 束原昌郎 （1990）：野外教育における風土概念導入に関する一考察、東京学芸大学紀要5部門、東京学芸大学、第42号、109-115
14) 和辻哲郎 （1979）：風土-人間学的考察-、岩波文庫、東京、20-33.
15) 亀山は16)で和辻の風土論の欠陥について以下のようにまとめている。第一に、和辻の風土の三類型論とその内容的記述は、彼が船旅の洋行の過程で直感した西欧と日本文化の相違のアイディアを彼の独自の風土概念の体裁を元に強引に結びつけた恣意的な構造物でしかないこと。特に西欧の牧場型と中東の砂漠型に関しては、それに含まれる地域の具体的風土とは大きく乖離するものであ

った。第二に、これと裏腹の関係だが東洋と日本を同質化し、日本の風土も本質的には均質な単一の風土として記述されていること。日本の風土の記述が西欧・中東のそれに比べれば具体的でここには一面の説得性もあるのは和辻の経験を基礎としているからである。しかし彼は自己の経験を普遍化しそれがあたかも日本列島全体の風土であり、しかも本質的には東アジア全体の普遍的な質と記述している。第三に以上のことは、和辻の風土記述が結局は知識人の目線で、しかもハイカルチャー層・支配層の文化を普遍化して叙述されたものであって、柳田国男の言う常民や一般住民の日常生活とはかけ離れた存在である。

16) 亀山純生 (2004)：環境倫理における風土概念と風土的環境倫理の基礎的論点、人間と社会、東京農工大学、第15巻、73-98.
17) 土方圭(2013)：野外教育における「野外」概念の検討、日本野外教育学会第16回大会プログラム・研究発表抄録集、84-85
18) G.W.Donaldson& L.E.Donaldson (1958). Outdoor education – a definition. Journal of health, physical education, and recreation,29, p.17.
19) 高野孝子 (2013)：地域に根ざした教育の概観と考察－環境教育と野外教育の接合領域として－、環境教育．23-2：27-37.
20) 渡辺二郎ら (訳)(2013)：ハイデガー 存在と時間Ⅰ、中央公論社、東京．
21) 岡本宏正 (1987)：渡辺二郎(編著)ハイデガー「存在と時間」入門 第二章 現存在の予備的な基礎分析（その1)、講談社、東京、p.71-117.
22) 可能的存在としての人間の「規定されている状況から抜け出ようとする脱自」を超越と呼ぶ。現象学辞典によると超越は「すなわち現存在は、みずからの存在の根本契機である世界投企（実存）において、彼自身を含めた全体としての存在者をつねに既に前もってみずからの世界に向かって越え出ているのであり、それによって初めて存在者が存在者として開示され意味を与えられる。そしてこうした現存在の脱自的な超出こそが超越本来の意味をなすと考えられたのである」とされている。
23) 宮原勇編(2012)：ハイデガー「存在と時間」を学ぶ人のために、世界思想社、東京．
24) 高田環樹 (1994)：世界内存在、木田元ら 編著、現象学辞典、弘文社、東京、177-178.
25) 國原吉之介 (2005)：古典ラテン語辞典、大学書林、東京．
26) 茅野良男 (1994)： 実存、木田元ら 編著、現象学辞典、弘文社、東京、199-200.
27) 星野勉 (2005)：和辻哲郎の「風土」論 －ハイデガー哲学との対決－、法政大学文学部紀要、50、 1-30,
28) 小林道夫(1997)：哲学の歴史5 デカルト革命、Ⅳデカルト、中央公論新社、東京．

第3章　風土概念により再解釈された野外教育の原理の明文化

1. はじめに

　野外教育は1940年代のアメリカではじまったといわれている。この野外教育を定義づける試みは現在まで様々になされ[1][2][3][4][5]、我が国においてもいくつかの知見が提出されてきた[6][7][8][9][10]。ここで取り上げられる野外教育とは欧米出自の outdoor education の訳語であり、日本における野外教育は主に欧米由来の概念として認知されている。このような現状の中、近年、野外教育の源流を修験道に見出した井村[11][12]の研究や風土概念による野外教育の再解釈[13]を試みた束原の研究などは、欧米由来の概念という文脈の変更を迫るといった点で興味深い。

　周知のとおり日本は世界でも類を見ないほど豊かな自然を有している。古よりこの環境で生活を営んできた先人の生の軌跡を想えば、日本の「山野河海に根ざした」といった視点から「野外教育」が構想されて然るべきであろう。

　このような野外教育概念をめぐる経緯を踏まえ土方[14]は、先述の束原[13]の着想を継承し「風土」概念をキーワードにしつつ、さらに論理的説得性を付加するために野外教育における「野外」概念の再解釈を試みた。そこではハイデガーの存在論と和辻の風土論を援用した「野外」概念の検討が行なわれ、人間の存在は空間的にも

時間的にも「外に出ている」ものであるとする人間の「実存的本質」及びそれと相互作用する「風土（性）」を野外教育の教育的本質として求めた。そして「野外」とは「人間が（近代的自我や機械論に代表される現代文明から）外に出ることによって（外に出る・出ていることを本質とする）人間の実存性を露わにすること。また、風土もしくは風土性に曝されること。及びそれら二つの相互作用」という関係概念であり、野外教育とは「現代文明から外に出ること（実践的な文脈では多くの場合「自然環境」）により人間の実存性を露わにする教育であり、それらと相互に作用しながら醸成されてきた風土及び風土性へ曝す教育」であると結論付けた [15]。

　しかし、亀山 [16] が指摘するように、そもそも和辻の「風土」はそれまでの風土概念解釈を現象学的な視座から転回し新たな理論的キーワードに仕立てたところに学術的価値が見出されたものである。従前の「風土」はその土地の気候・地質・景観などに見られる（住民の生活や文化に深く働きかけるものとしての）環境として認知されていた。しかし和辻の「風土」においては「人間の自己了解の仕方」や「間柄」といった人間の意識現象に還元する現象学的示唆の提示がその功績の主たるところである。土方 [14] によってハイデガー及び和辻を援用した野外教育における「野外」概念の再解釈が提示されたが、その結論は、現象学的示唆に倣うかの如く、野外教育実践の観点からは未だ抽象的段階といえる。なぜならば、身体を介した直接体験を旨とする野外教育に資するという視座からは、この再解釈における抽象性と実践性の間に深い溝があると言わざるを得ないからである。私たちに求められているのは、和辻の風土概念再解釈の着想を契機とした「野外」概念の再解釈を、野外教育実践へと架橋し着地させる具体的な知見の獲得である。

　本章で試みられるのは「風土」概念の具体化と野外教育の原理の明文化である。

　まず、土方 [14] が「野外」概念を「人間が（近代的自我や機械論に代表される現代文明から）外に出ることによって（外に出る・出

ていることを本質とする）人間の実存性を露わにすること。また、風土もしくは風土性に曝されること。及びそれら二つの相互作用」と再解釈するに至った鍵概念である「風土」についての検討を試みる。人間が「外に出る」ことによって実存性が露わになる。そして、人間は風土及び風土性に曝される。では、この「風土及び風土性」とは野外教育実践の文脈においては何か。この観点から再検討を行い、より具体的な記述を企てることにより「風土」概念の抽象性が払拭されるであろう。

　また、これにより野外教育とは何かについて規定する原理の明文化を試みることができる。

　この二点を行うことで「野外」概念の再解釈が野外教育実践へと架橋され、より一層の貢献を期待することができるであろう。

2.「風土」という概念　ー和辻哲郎の風土概念を契機としてー

　和辻は現象学的な視点から人間学的考察を行い、風土概念についての理論構築及び風土の類型化を試みている。特に後者の類型化については様々に批判[13]を受けてはいるものの、前者の理論構築に関しては「人間の自己了解の仕方」や「間柄」を提示し、それらを自然との関わりの表出、具体的には「家屋の建築様式」といった文化様式等として人間の生活に広く深く根ざしたものとして提示したところに功績を観て取ることができる。このような和辻の「風土」に関する要点を亀山[16]は以下のようにまとめている。

> 「第一に風土を人間と自然の関わり、人間の共同を介した関わりを基軸に据えた。そこから自然条件と文化・精神的営みが一体となった関わりの空間として捉える視点である。風土における自然は、人間との関わりにおける自然であり、そのような自然は人間的文化的性格をもつことを明確にした。
> 　第二に、風土をその土地の人間の共同的なあり方（存在の型）と捉え、人間を単に精神や内面的意識状態からではなく、

自然との関わり・技術や人間の活動・振る舞いとその物的成果など物や身体性レベルで現わされる生活様式において理解する視点を開いている。和辻哲郎はハイデガーを援用して人間が現実に存在する"existieren"ことは空間的に外に出る"ex-sistere"ことであると強調し、人間の空間的あり方として『風土は人間の肉体である』と言う。

　第三に風土は人間存在の型として歴史的であり、それゆえ風土の空間的あり方やその構成物は歴史的刻印を帯びていると見る視点を開いた。風土性は歴史性と一体であると和辻哲郎は強調する。居住地の景観のみならず田畑や里山において先人たちの関わりの歴史が埋め込まれている（p.79）」

　様々な論者の批判に曝されているものの、上述のように、人間存在の理解に新たな地平を拓いたことに関しては言うまでもない。そこで、ここでは人間の実存として和辻が提示した「自己了解の仕方」「間柄」という風土のエッセンスを継承しつつ、批判的に検討を加え具体性を獲得しようとしたいくつかの試みについて概観する。これによって野外教育の野外を基礎づけた「風土」とは具体的にどのように記述可能かという解釈へと接近を試みることができる。

　野外教育への風土概念導入を企てた束原[13]は先行する風土に関する論考を概観し、その風土論解釈について風土を単に自然科学の対象とするのみでなく、社会科学、人文科学の対象としても捉え、さらに、科学の枠を超えた哲学の対象として捉えることを提案した。続けて、野外教育は多様性と不明確性を多分に残していることによって広範な可能性を秘めるとした上で、野外教育の対象である自然を自然科学的自然と縮小するのは早計であり、ここには風土が自然に取って代わる可能性があるとの考察を加えた。そして風土記[16]、和辻[17]、A.ベルク[18]等の風土概念を参照しつつ以下のようにまとめている。

「自然と風土とはその概念において重複する部分が大きく、ともにまず形而下の自然を意味し、次にまた、ともに形而上の自然をも意味するが、風土は自然を包摂するより広い概念であり、また、風土は自然より生活文化的意味合いが強いと考えることができる（p. 113）」

　結論として、先に述べたように風土を単に自然科学の対象とするのみならず、社会科学、人文科学の対象として、さらに哲学の対象とすることを提案した。しかしながら、風土の概念について独自の定義を提示するまでには至らず、自然ということばに代わる風土ということばの使用についての可能性を示唆するにとどまっている。
　一方、谷津[20]は風土ということばの使用のみならず風土概念の再定義を試みた。ここでは、それまでの風土ということばの定義について国語辞典をはじめとして、鈴木秀夫[21]、吉野正敏[22]、生松敬三[23]、千葉徳[24]、飯塚浩二[25]、篠原一[26]といった風土に関連する論者の主張を概観、整理した。そして風土の概念を図にして提示した。ここ

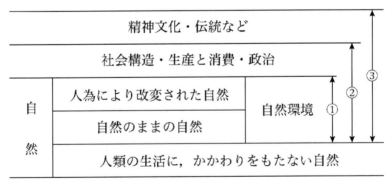

図1　風土と自然環境[20]

で得られた風土の定義は、まず自然環境を「第一種風土」、自然環境と生産様式・社会構造・政治などをふくめて「第二種風土」、さらに、それらに精神文化と伝統・風習などを加えたものを「第三種風土」とするものであった。谷津の風土の定義における自然の意味を問う文脈では「人類の生活に関わりを持たない自然」としてはるか彼方の惑星などを例にあげ、すべての自然が自然環境を形成するわけではなく「人間に関わりのある自然」という線引きを設定した。これは後述する亀山[16]の生活的自然と類似する発想であり、ここでは人間との関わりにおいて自然は問われる対象となっている。この点からみれば、自然と人間を切り離して捉える二元論的発想は、本来は自然と関わらざるを得ないはずの人間と自然について、何らかの理由で「関わらない」という仕方で「関わっている」とも解釈可能である。この点についての具体的な記述例を伊東[27]より引用してみる。

> 「キリスト教ヨーロッパ世界に入ると、神・人間・自然は階層的に分裂し、自然は今や神により人間とは独立に想像されたものとして、人間の全くあずかり知らぬ『外なるもの』となる。人間はもはや自然とは同質ではなく、自然を上から臨み、これを支配するものとなる（p.40）」

このような指摘は「二元論における自然と人間の対置及び自然に対する人間の優位性」という人間と自然を非対称にとらえる捉える視点であり、「関わらない」「隔絶する」という「関わり方（関係性）」と捉えることができる。

また、和辻の風土論を継承しつつその不備を乗り越え新たな風土論の構築を企てたベルク[19]は、風土を「自然と空間に対する社会の関係」と規定した。また、風土はしばしば自然環境の意味で用いられるが、風土には文化的意味合いが含まれるとし、風土に関する以下の三つの命題（公理）を示した。

（1）自然的であると同時に文化的である
　　（2）主観的であると同時に客観的である
　　（3）集団的であると同時に個人的である

　これは和辻による人間の根本的性格である二重性格の把捉、すなわち、個であると同時に全であるといった「絶対的否定の運動」[27]といった視点を継承するものともいえる。しかしながら、命題（1）にあるように自然と文化が対置されるものという前提を無意識にとっており、「自然＝非文化、文化＝非自然を前提とする問題」や「通態化における文化の基本的性格が身体的人間の対象的自然との相互関係を根底とする生活様式との視点がなく、文化自体が自然に媒介されている視点が弱い」と亀山[16]が指摘するように、人間と自然の「身体」を介した相互関係という重要な要因への着目に対する希薄さが感じられる。つまり「直接体験」を旨とする野外教育、また野外とは「外に出ること」という野外教育の原義からみれば、ベルクの風土に関する規定は「身体性」への重点の置き方にいささかの不満を禁じ得ない。

3.「野外」を基礎づける「風土」はいかに具体的記述が可能か

　では、野外教育の「野外」を基礎づけた風土とはどのように具体的記述が可能であろうか。土方[14]が試みた風土による野外概念の再解釈によると、野外とは「人間が（近代的自我や機械論に代表される現代文明から）外に出ることによって（外に出る・出ていることを本質とする）人間の実存性を露わにすること。また、風土もしくは風土性に曝されること。及びそれら二つの相互作用」という関係概念としての解釈が可能であり、野外教育とは「現代文明から外に出ること（実践的な文脈では多くの場合「自然環境」）により人間の実存性を露わにする教育であり、それらと相互に作用しながら醸成されてきた風土及び風土性へ曝す教育」である。しかし、この原義の状態では、具体的に「露わになった実存性」はどのような

「風土及び風土性」と関わり相互に作用するのかが不明瞭といえる。先述したが、これは土方が援用した和辻の風土概念が現象学的解釈学的に析出されたことに由来するものと考えられる。つまり、風土を「自己了解の仕方」や「間柄」といった人間の意識現象に還元していることに端を発するものである。この点については、和辻哲郎の論究の長所と表裏をなす点といえる。

この状況に関連して亀山[15]は、風土概念により環境倫理を基礎づける試みにおいて、和辻風土論への批判やベルクによる自然と文化の二元論的位置づけを補い、かつ和辻の開いた地平を継承する道を模索した。そして、フォイエルバッハの人間学的唯物論[28]を基礎的視角とする風土の概念構築に着手した。これは人間を共同関係において存在する文化的身体的主体（類的存在としての感性）ととらえ、そのような人間が根源的には自然に依存すると捉える点を基本とするものである。そして風土を「一般的に」と前置きして

「一定の地理的空間における共同社会の人々と生活的自然との一体的関わりの全体である（p.81）」

と定義した。補足として、ここでの生活的自然とは環境的自然と明確に区別されるもので、身体的人間が関わる対象としての経験的自然であるとした。身体的主体の外部にある生物世界・山野河海・天地の事象全体を指すという点では、自然環境と大きく重なっている。しかし生活的自然は本質的に人間とともに存在する自然であり、人間との関わりの度合いに応じて文化的刻印を帯びた人間化された歴史的自然であり、半自然・二次的自然が中核をなしている[29]。

そして、この定義には以下の3つの基本ポイントが付け加えられている[16]。

(1) 人間の共同性（諸個人の共同関係、文化生活様式の共有

性、身体的振る舞いと感覚の同一性）
　(2) 生活的自然の諸事象との具体的身体的な関わり
　(3) 関わりの自然調和性・場所的一体性

　これらは、風土による野外教育の再解釈における要点について表現は違うものの内実を反映・網羅しているものといえる。上記ポイントの（1）はア・プリオリな人間の共同性を指摘するもので、デカルトの西欧近代的自我に代表される二元論的世界観（心身二元論及び主客二元論等）とは異なる主張であり、野外教育の再解釈における要点「近代的自我や機械論に代表される現代文明から外に出ること」と関連している。個人主義的性格ではなく人間の共同（集団）的本性を指摘しており、この点を中心に大きく共通している。また、再解釈においてはハイデガーの主張を契機とする和辻の「風土」概念の空間性についても言及され、ハイデガーの時間性中心の実存に空間性の要素を加えた。和辻は人間が現実に存在する"existieren"ことは空間的に外に出る"ex-sistere"ことであると強調し、人間の空間的あり方として「風土は人間の肉体である」と言う。そして具体的には、身体が外に出ることによりそれは間柄としての関係を必然的に生じさせ、例示すると、ある地域特有の家屋の様式といった文化の技術的側面として結実されていくとした。約言すると「観念的にだけではなく身体的（空間的）にも外に出ること」について言及しており、ポイント（2）における諸事象との具体的身体的な関わりとして反映されている。そして（3）における関わりの自然調和性というポイントは、野外教育再解釈の要点「外に出ることは実践的な文脈では多くの場合『自然環境』との関わり合いであること」という内容に関連している[14]。以上のように、亀山の提示した「風土」の定義は、野外教育を基礎づけている「風土」の内実として適切で相応しいと思われる。

　その一方で亀山[16]は、自らが定義した「風土」について、「関わりの全体」という特性を考慮し留意すべきこととして、風土を記述

するということは全体的一体性をなす風土の一側面に焦点を当てたものに過ぎず、他の側面と一体的関係にあることを付け加えている。さらに、風土とは全体概念であり、そのような地域に根ざす個性的風土を直接かつ全面的に記述することについて「現象的記述の無限の広がりへの埋没」に陥る可能性を指摘している。これでは本研究における「風土の明文化」という目標を達成することは困難といえる。

　この状況に対して亀山は、上述の「現象的記述の無限の広がりへの埋没」は、その構造的記述により回避できる可能性があることも示唆している。そして、先の定義に基づく「風土」については、その中心が先述の（1）〜（3）の基本ポイント（人間の共同性、生活的自然の諸事象との具体的身体的な関わり、関わりの自然調和性・場所的一体性）にあることを強調し、これら3つのポイントを持つ風土定義の一般的な契機を「関わりの対象としての地域の生活的自然」と「関わりの主体としての地域の人間の共同的あり方」として、記述のための要点を整理し具体的に提示した[16]。

　まず、1つ目の記述の要点を以下に引用する。

> 1)「生活的自然の様相：気候・地形・土質・山野河海等の構造・生態系・各種生物の生態などが風土の対象的側面を表し、それらの全体は風土の土台を表す。これらは関わりの中の自然（風土の中の自然）であるから、その記述は、自然科学的記述だけでなく歴史的文化的記述と重ね合わされる（p.86 - 87）」

続いて、関わりの主体としての地域の人間の共同的あり方に関する記述になる。

> 2)「人間の共同的なあり方ないし生活様式の様相：衣食住の様式・人間関係・集落の構造・掟や倫理・社会的制度・風

習や生活習慣・儀礼や芸能・宗教・言語・気質や精神などが含まれる（p.87）」

　そして、3つ目の記述の要点は「関わりの対象と主体の関係」であり、これについては関わりを捉えるための2つの視点（次元及び位相）が設定されている。まず、1つ目の視点（次元）を以下に示す。

　　3）生活的自然との地域の人々の共同的な関わり、人々の直接的な身体的振る舞い（行為）次元での関わり
　　　（1）関わりの次元を軸とした場合
　　①技術的関係（生活的自然との関わりの物質的側面）：地域の産業・生業・生活行為が土地や生態系などといかなる相互関係にあるか、また、客観的にいかなる変容をもたらしているか。単に生産的技術だけでなく自然を対象とする広義の生活技術（生活の知恵）を焦点とする関わり。
　　②象徴的関係（生活的自然との関わりの意味的側面）：地域の慣習・風俗・儀礼・芸能・宗教・伝承その他自己表現活動が土地や自然（物）との関わりをどう意味づけ、シンボルや象徴的行為を通してどう表現しているか。技術や制度をとりあえず捨象した狭義の文化を焦点とする関わり。
　　③社会的関係（生活的自然との関わりの制度的側面）：地域の産業・生活行為や慣習・儀礼などの含まれる倫理・ルール等が、生活的自然との関わりとどう関係しているのか、より狭くは、生活的自然との関わり方をどう規範化しているか。人間関係や行為を律する意識的・無意識的制度を焦点とする関わり

　以下、2つ目の視点（位相）となる。

「(2) 関わりを俯瞰する位相を軸とした場合
①人々の生を軸とする関わりの位相（生活様式）：衣食住を基本とする地域に共有される生きざま・ライフスタイルが生活的自然との身体的関わりとどう関係しているか、より狭くは生活的自然との関わり方をどう表現しているか。住居・居住域のあり方や生活用具、気質や人間観・自然観・価値観等を含めて人々の振る舞いを焦点とする関わり。
②関わりの全体の空間位相（場所・景観）：生態系と自然的・非自然的人工物との相関・配置による地域の空間構造が生活的自然との関わりをどう表現しているか、また、生活的自然との一体性をどう維持しているか。地域の生活様式・文化・歴史その他風土の各契機や焦点ないし風土全体の空間的現れ。
③関わり全体の時間的位相（歴史）：地域の生活様式・文化・景観その他風土の各契機や焦点が過去の出来事・営みをどのように刻印しているか。より一般的には風土が歴史的にどう形成されてきているのか。単なる過去の記録・伝承・伝統や歴史的遺産だけでなく、現在の風土の各契機・焦点と風土全体における過去の履歴（p.87）」

　ここまで検討してきた亀山における風土記述の要点を援用することにより「現代文明から外に出ることにより人間の実存性を露わにする教育であり、それらと相互に作用しながら醸成されてきた風土及び風土性へ曝す教育」の風土及び風土性に具体的な方向を示し、明文化を可能にする道が拓けるのではなかろうか。
　そして、この可能性には野外教育実践に際して教育内容を決定し、また、実施している野外教育実践には上記要点がどの程度反映されているかの参照軸としての機能等が期待できる。具体例としては「野外教育実践を行う地域に関する生活様式・文化・歴史への理解はなされているか」などの問題意識及び評価と関係するものであ

る。このような問いは特定の地域で野外教育を実施することの意義、つまり、なぜその場所で実施するのかという「場所の意味・価値」への問いともいえる。

4. 風土的野外教育の原理に関する明文化の試み

ここまで、土方[14]により再解釈された野外教育の「風土」概念について、具体的な記述の可能性を探ってきた。最後に、本稿で検討してきた「風土」の理解に基づいて、野外教育の基本的原理を仮説的に提起し明文化してみたい。ここで留意しておく必要があるのは、これら原理は仮説的なものであり絶対的なものではないということである。なぜなら、風土は全体的な現象であり記述は常に一側面的なものとなりその流動性が考えられるからである。この点については確実に理解されたい。

以下、野外教育を実践しようとする場合、これを除いては野外教育が成立し得ず、必然的に認めねばならないという必要最小限の論点について明文化を試みる。

はじめに、野外教育全体を規定する原理の記述となる。

I　野外教育実践では風土および風土性が意識されるべきである

本稿で述べてきた「風土」は人間の実存及び実存性と積極的に相互作用するものであり、野外教育における教育的意義と密接に関係する。ここでの「風土」は二重の意味合いをもつ。一つは「野外とは外に出ること」という人間の実存性や風土依存性を反映しているという意味である。もう一つは野外教育実践において「人間が外に出て」行き「曝される」のは自然環境を中心に醸成された風土であり、また、人間と関わらない自然はほとんどないこと（生活的自然）等から導かれたものである。これらから風土及び風土性への意識が野外教育実践にとって第一義となる。

以降、Ⅰにおいて明文化された意識されるべき「風土」及び「風土性」についての記述となる。

　　Ⅰ－1　野外教育実践では身体的な関わり合い（体験、あるいは実存的に外に出ること）が意識されるべきである

　野外教育における「野外」の再解釈から提出された「人間が（近代的自我や機械論に代表される現代文明から）外に出ることによって（外に出る・出ていることを本質とする）人間の実存性を露わにすること。また、風土もしくは風土性に曝されること。及びそれら二つの相互作用」という定義の前半部分にあたる。つまり、現代的価値観から外に出て実存性を露わにするという意義であり、特にこれは身体を介して直接的かつ体験的に行われる方向性を意味する。

　　Ⅰ－2　野外教育実践では地域（実践の場）の自然は生活的自然として理解され扱われるべきである

　先に述べられた「野外」の再定義後半部分「風土もしくは風土性に曝されること」における風土を醸成する土台となる自然についての記述である。人間が「外に出ること」により関わり合ってきた自然について、先に述べたように「生活的自然」として理解される必要がある。この生活的自然は気候・地形・土質・山野河海等の構造・生態系・各種生物の生態などで、全体は風土の土台を表す。これらは関わりの中の自然（風土の中の自然）であるから、自然科学的なだけではなく歴史的文化的な視点により捉えられ理解される必要がある。

　　Ⅰ－3　野外教育実践では地域社会・人々の自然との関わりにおける共同性・共同関係が理解され扱われるべきである

衣食住の様式・人間関係・集落の構造・掟や倫理・社会的制度・風習や生活習慣・儀礼や芸能・宗教・言語・気質や精神などの「共同」に関する内容が含まれる。これらは風土の契機として生活的自然との関わりにおける所産といえる。

　　Ⅰ－4　野外教育実践では地域の自然と人々との関わりにおける一体性・身体的関わりが理解され扱われるべきである

　Ⅰ－4では先の亀山の指摘に倣い、以下、地域の自然と人々との関わりにおける一体性・身体的関わりについて二つの視点からの補足となる。

　1)自然と人々の関わりからの視点
　　技術的関係：生活的自然との関わりの物質的側面
　　象徴的関係：生活的自然との関わりの意味的側面
　　社会的関係：生活的自然との関わりの制度的側面

　2)関わりを俯瞰する位相を軸とする視点
　　人々の生を軸とする関わりの位相：生活様式
　　関わり全体の空間的位相：場所・景観
　　関わり全体の時間的位相：歴史

　野外教育実践が行われる場合には、以上のような自然と人間の関わり、そして身体を介した一体性について理解がなされ、反映される必要がある。

5. 今後の課題

　野外教育の原理が提示された今、この原理をもとにして現在行われている野外教育実践を整理する試みがなされて然るべきであろ

う。なかでも、広大な領域に点在する個々の野外教育実践を布置する試みは、現状を俯瞰することを助け、新たな視点をもたらしてくれる可能性がある。しかし、そのためには分析を行い定置（プロット）するための情報の理論的な整備が必要となる。

定置を行うためには最低限2つの軸が必要となる（例：X、Y）。今回は「野外」概念についての検討により野外教育の原理の明文化がなされた。一方、野外教育を整理する際に「野外」概念とともに考慮すべき要素としては「教育」概念があげられる。この「教育」概念について定置の軸とすることができれば、広大な領域に点在する個々の実践に関係性（距離間）を見出すことができるかもしれない。

張本ら[31]は自明として手付かずであった「教育」概念について、野外教育実践の観点から整理を行った。そこでは教育に関する二つの視座（意図的、無意図的）が提示され、野外教育を実践するうえで考慮すべき要素だとされている。この考察は極めて示唆に富むと思われ、布置に際しての参考になると思われる。

【注】

1) Yaple, Charles H.(1997) : Envisioning Environmental and Outdoor Education, a journal of outdoor education. Volume 10, No.4: 11.
2) Simon Priest (1986): Redefining Outdoor Education: A Matter of Many Relationship , Journal of Environmental education. Volume 17, No.3.
3) Bisson, C. (1998). The Outdoor Education Umbrella: A Metaphoric Model to Conceptualize Outdoor Experiential Learning Methods. ERIC, ED416049.
4) Sharp, L. B. (1943). Outside the Classroom, Education Forum.7(4), p. 361-368.
5) G.W.Donaldson & L.E.Donaldson (1958). Outdoor education - a definition. Journal of health, physical education, and recreation,29, p. 17.
6) 野口和行 (1994)：野外教育及びその周辺領域の概念について、体育研究所紀要、慶應義塾大学体育研究所、第12巻、119-129.
7) 江橋慎四郎 （編著)(1987)：野外教育の理論と実際、杏林書院、東京、Pp.43-

44.
8) 青少年の野外教育の振興に関する 調査研究協力者会議(1997):「青少年の野外教育の充実について」、文部省、東京.
9) 小森伸一(2011):野外教育の考え方、自然体験活動研究会編、野外教育の理論と実践、杏林書院、1-11.
10) 星野敏男(2002):キャンプの知-自然と人との教育実践から-、勉誠出版、東京.
11) 井村仁 (2006): わが国における野外教育の源流を探る、 野外教育研究、 10-1: 85-97.
12) 井村仁 (2008): わが国において「野外教育」という用語が初めて使用された時期とその内容について、 野外教育研究、11-2: 13-27.
13) 束原昌郎 (1990):野外教育における風土概念導入に関する一考察、東京学芸大学紀要5部門、東京学芸大学、第42号、109-115.
14) 土方圭(2013):野外教育における「野外」概念の検討、日本野外教育学会第16回大会プログラム・研究発表抄録集、84-85
15) 土方は文献14)において、野外教育における「野外」という用語について再解釈を行った。野外教育の「野外」概念は従来「屋外」や「戸外」であり、また「自然」イメージとの近似を前提としていた。しかし、この立場には「自然」のもつ自然科学的イメージにより「野外」教育の豊饒喪失という難点が指摘されていた。そこで「野外」は「自然」であるという前提に疑義を呈し「野外」概念を「風土」概念から再解釈することを試みた。再解釈ではハイデガー存在論と和辻風土論を援用し、論理性を担保しながら「野外」概念を実体概念から実存的に「外に出ること」という関係概念に転回した。ハイデガーは (1) 気づいた時にはすでに世界の中（内）に投げ込まれている（被投性）。(2) みずからを未来へ投企する世界内存在である。この未来への投企は、そのつど規定された自分自身を脱け出る（外に出る）という仕方でなされる。(3) この脱自（外に出る）には本来性と非本来性という可能性が孕まれている、というような仕方で世界内において常に新たな自分自身でありうる存在として存在する人間自身の「存在」を特に「実存」と名づけた。この実存 : existentia はその由来を ex‐sistere（外に出る、外に出で立つ）というラテン語にもつ。ここから「野外」概念が「外に出ること」という関係概念として転回、解釈され、「人間が外に出ることによって人間の実存性を露わにすること。また、風土もしくは風土性に曝されること。及びそれら二つの相互作用」とされた。最終的には野外教育を「現代文明から外に出ることにより人間の実存性を露わにする教育であり、それらと相互に作用しながら醸成されてきた風土及び風土性へ曝す教育」と定義するに至った。つまり、人間の実存性を減じる現代的価値観から距離を置くことによる効果を期待したものが「野外教育」といえるだろう。
16) 亀山純生 (2004):環境倫理における風土概念と風土的環境倫理の基礎的論点、

人間と社会、東京農工大学、第 15 巻、73-98.
17) 秋本吉郎(1989)：風土記、岩波書店、東京．
18) 和辻哲郎 (1979)：風土-人間学的考察-、岩波文庫、東京．
19) ベルク A,篠田勝英（訳）(1989)：風土の日本、筑摩書房、東京．
20) 谷津榮壽(1982)：風土論における自然環境の意味、水山高幸他（編)「風土の科学Ⅰ」、創造社、東京．
21) 鈴木秀夫(1988)：風土の構造、大明堂、東京．
22) 吉野正敏(1978)：風土と気候とクライメイト-その概念の変遷-、山田英世（編)「風土論序説」国書刊行会、東京．
23) 生松敬三 (1973)：和辻風土論の諸問題、湯浅泰雄（編)「人と思想」三一書房、東京．
24) 千葉徳 (1980)：日本人の自然観、靖国社、東京．
25) 飯塚浩二 (1952)：日本の精神的風土、岩波書店、東京．
26) 篠原一(1968)：日本の政治風土、岩波書店、東京．
27) 伊東俊太郎 (1999)：一語の辞典　自然、岩波書店、東京．40‐44．
28) 星野勉「和辻哲郎の風土論」によると、和辻は超越を人間存在の絶対的否定性の運動、すなわち、個（個人）を否定して全体（自他の合一）へ、また全体（自他の合一）を否定して個（個人）へという「否定の運動」と解している。したがって、和辻にとって、このような動的な構造をそなえた、人と人との間柄は、自他がそこから析出されうる地盤として、本来すでに「外に出ている」場面にほかならない、とされる。
29) 亀山 15)はフォイエルバッハの人間学的唯物論について、その基本は人間を原理的には、共同関係において存在する文化的な身体的主体（類的存在としての感性）と捉え、そのような人間が根源的には自然に依存すると捉える点に特徴があるとする。この立場からは世界は第一義的には（「ありのままの相」においては）、経験を通して身体的人間に立ち現れた感性的世界として位置づけられる。自然もまた第一義的には人間にとっての感性的自然、身体的行為を通して多様な様相を見せる人間的刻印を帯びた生活的自然として理解される。
30) 亀山 15)によると生活的自然に対し環境的自然は、人間との関わりを方法的に捨象した人間の周囲世界・外界を指し、論理的には人間が関わらない領域を含み，専ら非人間的ないし客観的現象と理解される点で生活的自然と異なる。
31) 張本文昭，土方圭(2015)：「教育」および「体験」に関するレビューと野外教育における課題と展望、野外教育研究、日本野外教育学会、第 19 巻 1 号：27-40．

第4章 「教育」および「体験」に関する
レビューと野外教育における課題と展望

1. はじめに

　教育談義という言葉がある。オンライン参加型の百科事典サイト、ウィキペディアは現在 288 の言語で総数 3,500 万件以上の記事が存在し、月に 5 億人が利用するといわれているが、そのウィキペディアには教育談義という記事が存在しない（2018.10.31 現在）。

　しかし日本では日々、教育談義がされている。そこでは例えば、子育て、子どもの成長、成績や部活動、教師や学校、親や教師としての悩み、不登校やいじめ、虐待、子どもをめぐる社会背景等々について語り合う場面が容易に想像できる。しかしながら「教育」とは何かについて教育談義がされる場面は、やや想像しにくい。おそらくそこには、日本においては教育が自明のもの、あるいは狭義に教育とは学校教育を指すものという暗黙的な了解があるのではないだろうか。

　野外教育においても様々なディスカッションや議論がなされてきている。例えば2015年度日本野外教育学会第18回大会においては、第 20 回大会へ向けて施設・フィールド、事業・プログラム作り、人づくり・担い手づくり、そしてグローバル化の 4 つの観点からシンポジウムがなされている。また野外教育の実践や研究に携わる者同士が私的に語り合うことは多いだろう。つまり野外教育談義がなされているのだ。しかしそこで、野外教育の「野外」や「教育」について、

あるいは「体験」について、それは何であるのかを談義することはあるだろうか。

近年では野外教育における「野外とは何か」に関する部分は、研究や報告が見られるようになってきた。また先のシンポジウムにおいても、フィールドという観点や森林や海といった観点から議論がなされている。しかしながら第1章で述べたように、「教育とは何か」また野外における教育を成立させるとされる「体験とは何か」については、議論されたり調査、研究されることはほとんど無かった。

本研究では改めて、野外教育における「教育」について、語義的、歴史的に概観し、教育とは人間にとってどのような営みなのかを検討する。また同様に、野外教育における「体験」についても歴史的には人の生活や営みから、また教育思想としての位置づけや背景、そして体験がこれまでの調査研究対象においてどのように取り扱われてきたかを概観した上で、今一度整理を試みる。教育や体験の本質及び全体像を明らかにすることを通して、現在一般的に理解されている野外教育の課題や限界、また可能性や展望について示そうとするのが本研究の目的である。

2. 教育
2.1. 教育という語義

教育という言葉は日常的によく使われるが、そもそもどういう意味を持っているのだろうか。国語辞典によれば、教育とは「知識を与え、個人の能力をのばせるように導くこと」「他人に対して、意図的な働きかけを行うことによって、その人間を望ましい方向へ変化させること」とある[1][2]。

では、教育という語を成立させる「教える」「育つ」にはどのような語源的意味があるのだろうか。日本語源大辞典[3]によれば、「教える」の語源として、愛惜する情から起こることから、ヲシム（愛おしむ）と通じるとある。また悪いことをおさえ、よい事を知らせる意から、オサヘからヲシヘに転じたともある。一方、「育つ」については、

スダツ（巣立・巣起）が転じたとされる[4]。

　すなわち日本語としての教育の意味とは、被教育者に対して、愛情を込めながらその人の外側から知識や技能等を教える、という意味と、被教育者の内側にある能力や可能性を引き出したり、伸ばしたりするという2つの意味があると考えることができる。

　次に、教育という漢字の意味について探る。すなわち「教」と「育」という漢字の成立背景から教育の意味を探ることとする。「教」という字の旧字体は敎であり、爻（こう）と子（こ）と攵（ぼく）から成り立っている。常用字解[5]によれば、爻は交差した木が屋根にある建物を意味し、学校を表している。また攵という文字の元の形は攴であり、手に枝や鞭を持ち、何かを打つ様子を表している。すなわち、教という文字の元々の意味としては、学校で教師が子どもたちに鞭で打って習わせることを語義とし、そこから教えること、授けること、倣わすことなどを意味するようになった。

　では「育」という字にはどのような意味があるのだろうか。育は、𠫓（とつ）と月（にくづき）から成っている。𠫓は胎児が頭を下にして産まれる様を示している。また月は人の体を意味することから、育という文字全体としては、産む、育てる、養うという意味を持つようになったとされる[6][7]。つまり教育という漢字の意味をひもとくと、人の外側から内側へと知識や技能を与えたり授けたりする意味と、人間の内側に持っている育つ力を前提としてそれを援助する意味の2つがあることが分かる。このことは、先に述べた日本語に示される教育の意味と共通する。

　他方、英語のeducationはどうだろうか。educationはラテン語のeducaceを語源とし、eは外に、そしてducareは導くという意味である[8][9]。これらのことから一般的にはeducationとは、本来的には引き出すことという意味を持っていると理解されている。このことは教育の育に相当する意味、つまり育み、引き出すという意味に重きがあると思われる。

　このように洋の東西を問わず、語源的に教育とは、2つの異なる意

味と方向性を持ちながらも、人間の内的な発達可能性を前提として、その内部の能力や可能性を引き出すことにあるといえる[10]。

2.2. なぜ教育が必要なのか

　人間にとって教育はなぜ必要なのであろうか。ランゲフェルトは「人間は、ただ生れるのではなく予め教育されることを必要とする動物として生れてくる」[11]と述べた。この人間の教育必要性については2つの視点すなわち、動物との比較から得られる人間の生物学的特殊性及び発達の援助、そして社会の維持と創造の観点から論じられることが多い。

　人間の生物学的特殊性については、近代教育思想の礎を築いたとされるルソーが、人間は弱い者として生まれると述べた[12]。確かに、生物的ヒトの存在を考えてみると、人はそのままでは非常に無力で環境への適応を欠いた存在といえる。ポルトマン[13]は人間の誕生時の状態を「生理的早産」、そして誕生以降の1年を「子宮外の初年」と呼び、人間は生後1年を経過してようやく他の高等哺乳類が誕生時に獲得している発達状態に至るという。そして人間の最も重要な特徴は、社会環境との接触によってはじめて形成されていくと述べている[14]。このような生物的弱さに加え、養育の必要性を示す根拠として野生児の物語が知られる。アヴェロンの野生児、またオオカミに育てられたとされるアマラとカマラの話は、その真実性に疑いが残るとされる[15]が、人間の発達には野生動物のような性質さえ身につける柔軟性や可能性があること、また発達の敏感期や臨界期があり、その時期は人間社会の中で養育されなければならないことなどを示唆している。

　以上概観してきたように、子どもは大人や社会のもとで養育や教育される必要があり、人類史が始まって以来、連綿と続いてきた営みの1つが教育であるといえる。このことは教育の「育」の点、すなわち育つ、育てる、養うことに重きがあると捉えることができる。
　他方、社会が教育を必要としている面もある。人間は他の動物と比較

して、独自の社会的あるいは文化的な生活を営んでおり、成長過程においてそれらの継承や維持、または再生産や創造が求められる。フランスの社会学者デュルケムは、教育とは若い世代を組織的に社会化することであると述べた[16]。つまり社会の構成員である諸個人は、社会の中で一定の役割を果たすように、教育を通じて社会化されていくべきだとする立場である。細かくは社会が持っている文化を維持し再生産する視点と、社会の中で生じてくる課題に対応し、よりよい社会を創造するという視点がある。

これらのことは、教育の「教」の点、すなわち教える、授けることに重きを置く教育の必要性を示している。

2.3. どのように教育が成立しているか

カナダ北西部、北極圏近くに暮らす狩猟民、ヘアー・インディアンと呼ばれる種族には教育そのものの概念が存在しない。そもそも、教えること、教えられること、またその両者の関係性もなく、物事は自分で覚える以外はない[17]。親ですら子どもに対して一切の指示や命令、教えることをしない。このような価値観は、人間に対して指示を与えることができるのは守護霊だけであるというヘアー・インディアンの世界観、宗教観からきている。では、教えることも教えられることも存在しない社会で、どのように生きていく上での必要な知識や技能を身につけているのか。ヘアー・インディアンの社会では、狩猟民として生きる上で必要な野ウサギの見つけ方、魚のさばき方、火の使い方、木の削り方など、生活に必要なことは、子どもが大人の行動を見よう見まねで覚えていく。自分で大人を観察し、やってみて、自分で修正しながら覚えるというのだ。

これら教育概念が存在しない中でも、子どもにとっての学びが成立する条件として、滝川[18]は3点をあげる。まず1点目に、厳しい自然環境があげられる。自ら覚えていくだけの能動性や積極性がなければ、零下50度にもなる氷雪地帯では生き抜くことはできないという。2点目は狩猟民族であり、自然を相手にした技を深く習得する

には、口頭で教わったり、机上の学習ではそもそも効果が得られにくいことが考えられる。また 3 点目にはその生活形態があげられる。獲物を狙って移動を繰り返す生活は常に大人と子どもがともに暮らし、子どもは大人の日々の狩猟に絶えず接し、観察している。この特異な環境が、教育という概念は無くとも、子どもの能動的な学習を可能にさせている。

滝川[18]が指摘する 3 点については、野外教育とも非常に共通性が認められる。人が制御できない自然環境をむしろ積極的に利用するところ、机上の学習では伝えにくい何らかの技能を多く取り扱うところ、そして仲間やスタッフと寝食を共にすることが多いという活動展開の方法は、このような学びが成立する条件に当てはまる部分が多い。

また、ヘアー・インディアンの例は特殊事例ともいえるだろうが、日本においても、第三次産業が主流となる近年までは、労働する大人が子どもの生活環境に多数存在し、生きていくための労働を目の当たりにしていた。例えば1950 年、日本における就業者 3,619 万人の内、第一次産業従事者は 48.3%、第二次産業従事者は 21.8%であり、両者を合計すると 70%程度になる[19]。さらに、働く大人が目の前にいるだけでなく、この時代の多くの子どもは年齢や能力に応じて家業を手伝わされていたものである[20]。また、「門前の小僧習わぬ経を読む」や、職人世界の「習うより盗め」ということわざもある。また、河合ら[21]は、日本の宗教観や倫理観、世界観、つまりよって立つところというのは、口伝えや学校教育ではなく、生活そのものによって伝達されてきたと述べている。

以上のように考えてみると、子どもは基本的な生活習慣や知識技能、さらには態度や価値観、人生観に至るまで、かなりの部分を本人の知らぬ間に、または大人の教育的意図が存在しないうちに身につけていた。家庭での養育や社会共同体での行事や風習、子ども同士の遊びなど、子どもを取り巻く環境によって無意図的に為される教育であると言え、野外教育にも共通する部分が認められることから、無

意図的な教育が成立する可能性があると考えられる。またこれらは教育の「育」の部分の中でも、特に自ら育つという部分において教育が成立する例である。
　他方、教育の「教」の部分を重視し、意図的に為す教育の典型が学校教育であるといえる。
　社会や生活そのものが近代化、複雑化し、また産業構造も第三次産業が重視される社会においては、無意図的な教育だけでは必要な生きる力の形成が不十分である。第一次産業や第二次産業が社会の主流であった時代は、自然や物に働きかけることが生活の中でも重要な位置を占める。それらに必要な技能や知識は、口頭で教わるよりも、実際にやってみるほうが伝わりやすく、また必要であった。しかし第三次産業が主流な社会では、社会的、人為的に創り出したルールや仕組みを処理するような知識や技能が重視される。したがって、それらを生み出した人から教わるのが最も確実かつ効率的で、＜教える－教わる＞というスタイルが重要視されるようになった。
　以上のように、人々の暮らしが変化したと同時に、デュルケムが述べるように社会そのものも教育を必要とするようになったところで公教育制度、すなわち学校が誕生した[22]。滝川[18]によれば、それまでの神や王に従属する民という認識が18世紀頃に崩れ、国家や同胞意識、国民という共通意識を積極的に作り上げる必要が生じた。そのための社会装置として学校制度、公教育制度が成立したとされる。この学校制度は、その当時各国が徴兵制を導入する中において、兵役をこなせるだけの知識や技能、規律を身につけさせておく必要性からも積極的に導入された。このような背景を元に成立した学校では、明確な教育の目的があり、教える、教えられるの関係も明確に存在する中で意図的な教育が成立している。もちろん野外教育においても、明確な目的やねらいを設定し、意図的に教育を遂行させようとすることが多い。

2.4. 教育における2つの視座

このように教育について語源的な意味を改めて整理してみたり、その成立背景や必要性について認識してみると、一部繰り返しになるが、2つの意味と方向性が認められた。1つは人間の内に持っている発達や成長の可能性を育み引き出すという「育」に重きが置かれる側面であり、もう1つは人間の外から必要な知識や技能を教えるという「教」に重きが置かれる側面、この2つがあることが示された。また関連して、「教」の多くは意図的にそれが為されるのに対して、「育」が成立する場合は無意図的に、結果的にそれが為されている状況が存在している。つまり教育には意図的な教育と、無意図的な教育とが存在している。そして野外教育にも、その双方が存在しうることが認められる。

3. 体験
3.1. 生活基盤、精神の土台としての体験

先のヘアー・インディアンの例で述べたように、自然を相手にした原初的な生活、あるいは狩猟採集を生活の基盤とするような社会では、生きるために体験すること、直接的に行動することが不可欠である。このようなプリミティブな社会のあり方について小森[23]は、自然を畏敬し相互依存及び調和関係の中で社会を育んできた文化と教育であるとし、そこでは直接体験による学びと知恵の習得が個々の人生や集団生活維持の上で欠かせない根本思想であるという。このことは、自然と対峙するような直接的な体験が、生きるための生活のみならず、文化的にも世界観の上でも、言わば精神の土台として深く人に根ざしているということを示唆している。

精神の土台という観点では、同じく小森[23]によると、仏教、道教、儒教、神道をはじめとした東洋思想や宗教観においても、実践的な智恵の習得に重きが置かれたとされる。実際に井村[24]は、日本における野外教育の源流として修験道の存在を示した。日本の野外教育プログラムの歴史を紐解き、登山にその基礎的な意義を見出した結果、

修験道に着目している。修験道は、その普及発展過程においては、宗教活動のみならず、人々の文化や医療、習俗等を形成し、日本の精神文化の基礎に影響を及ぼし、修験道を含む山岳宗教が現在にまで脈々と受け継がれてきたことを明らかにしている。この修験道の行と体験についてはもう少し詳しく後述する。

　いずれにしても、原初的な生活様式や、人々の世界観や宗教など、人が生きていく上において必要かつ重要な基盤や土台として体験は存在してきた。しかし今日の時代を生きる限り、生活基盤や精神基盤としての体験の意義は直接的には薄れつつある。

3.2. 教育思想における体験

　教育思想は古代のギリシャやローマにまで遡ることができるが、本稿では体験に着目し、その思想的位置づけに関する変遷をたどることとする。

　おそらく、教育において体験の重要性をはじめて説いたのは17世紀のコメニウスであろう。コメニウスは著作『大教授学』や『世界図絵』を通して、具体的、感覚的な直観を重視した教育を訴えた。彼は特に、遊び楽しみながら学ぶこと、また視覚を通した感覚や感性への働きかけ、そして実験などを重視した[25]。書物から学ぶのではなく、自然の天、地、木などの事物そのものから学ぶことこそ重要であるという彼の考えは、まさに直接体験を重視するものであった[26]。

　18世紀になるとルソーが登場し、自然界の法則に従って教育する自然教育を主張して教育界に大きな影響を与えた。彼は、人間は産まれながらに善なる存在であるとし、その内的自然に沿って教育が為されるべきだとした。また、子ども時代と青年期以降との発達段階に着目し、子ども時代は自己的な活動や遊び、体験などによる感覚能力の全面的発達を促す時期であると主張した[29]。

　このルソーの思想に影響を受けたペスタロッチは、言葉中心の教授法を批判し、実物主義、直感教授を提唱した。自然の中での直接的な体験や、本物に触れる重要性について、「自然という大舞台の上で、

子どもをとって導け。山の上や谷の中で子どもを教えよ。〜 中略 〜 子どもの眼前の自然を十分に楽しませることを妨げてはならない」と述べる[30]。

アメリカにおいては19世紀、その後の進歩主義教育史に影響を与えたベイリが登場し、「自然学習」を提唱した。従来為されていた系統性、体系性、論理性を持つ科学的な理科教育とは異なり、子どもにとって身近な生活環境において自然と直接的に親しませる必要性を説いた[31]。彼にとって自然とは、日常的経験の中の具体的事物であり、それらを直接体験することによって、自然への共感や愛を育むことを第一義とする教育を主張した。

そして20世紀のアメリカに、今日の野外教育における体験学習の理論的土台を築いたデューイが現れる。経験主義教育を説いたデューイによれば、教育とは経験を連続的に再構成するよう促す営みであるとされる。ここでの経験とは、「第一次経験」と呼ばれる直接的な「最初の粗雑な、大まかな経験」の段階と[32]、「第二次経験」と呼ばれる「体系的思考の介入によってのみ経験される」段階とがあり[33]、それらを往復、反復させることによって、経験がより豊かな意味を持つとされ、そのプロセスが教育であると述べる。この経験と内省というプロセスはやがて、コルブによる経験学習モデル[34]として示され、今日の野外教育における体験学習法においてよく参照されることとなる。

これらに共通して、このような体験を重視した教育方法が主張されるようになる背景には、言語を通じた暗唱・反復学習が主流であった当時の教育への批判的反省があったとされる[27]。この教育において体験を重視する姿勢は、1996年に改訂された学習指導要領が、従来の「正解を覚える」学習から「自らの解答を考える」学習への転換であり、「新しい学力観」に基づく系統学習から経験学習への転換[28]という現代の流れと共通した背景が認められ、興味深い。

3.3. 体験と経験

　野外教育は、日本においては「青少年の野外教育の振興に関する調査研究協力者会議」によって「自然の中で組織的、計画的に、一定の教育目標を持って行われる自然体験活動の総称」[35]と理解される。ここで用いられる「体験」と近接する言葉に「経験」がある。

　岩波哲学・思想辞典[36]によれば、「この＜体験＞概念は、多くの点で＜経験＞概念と重なり合うが、それとの相違点をあえて強調するなら、直接性や生々しさ、強い感情の彩り、体験者に対する強力で深甚な影響、非日常性、素材性、などのニュアンスを持っている」とされる。一方、経験については「一般に特定の行為者が行為Aとその結果たる知覚体験Eとの因果関係『A→E』を通り抜けたことによって得た知識を意味する」とある。また石村[37]はドイツの教育学者ボルノウの見解を元に、「体験」とは主観的なものであり、体験そのものに没入、一体化することを意味するもので、その体験が事後的に人の認識上に浮上し、自分の中に受け入れられ同化することによって「経験」になるとしている。これらの視点で「体験」と「経験」とを考えてみると、デューイの述べる第一次経験は「体験」であり、第二次経験が「経験」であると捉えることができる。よってデューイと石村に従えば、その時点で起こった主観的な事実そのものが「体験」で、それを契機として継続的に個人へ発展的な成長や変化を促すものが「経験」であると解釈でき、教育においては「経験」がより積極的な意味を持ち得る。

　では一方の「体験」には積極的意味を見出すことはできないのだろうか。「体験」の事後に内省的な思考を介在させた「経験」を通過しない限り、学習者の成長に結びつかないのであろうか。

　矢野[38]は、子どもたちが遊びに無我夢中になっている時や、自然の中に身を置いている時に、自己とそれを取り巻く世界との境界が消えるような、陶酔の瞬間や脱自的な恍惚の瞬間、めまいの瞬間があるとし、そのような体験を「溶解体験」と呼んでいる。そこでは深い感動や驚嘆によって、「ああ！」とか「おお！」といった言葉以外で

は表現しがたい体験の瞬間があり、子どもが生命とダイレクトに交感しているという。さらに、主観的で言語化や意味化できないところに体験の価値があるとし、有用性とは別の次元で自己の尊厳を生み出し、規則や道徳を超えた生命の倫理に開かれると述べる。

また「溶解体験」と近似する概念として「フロー体験」がある。フロー体験とはチクセントミハイによって、人が全人的に行為に没頭しているときに感じる包括的な感覚として定義され、人々の生活の中で価値のある自己目的的な楽しい体験として据えられている[39]。フロー体験の瞬間には、自己に対する意識感覚の低下や、活動と意識との融合感覚があるとされ、人はフロー体験を通して、より複雑な能力や技能を身につけるようになり[40]、さらにその過程を通して心理的成長や恩恵がもたらされると考えられている[41]。しかしいずれにしても、このフロー体験の根本は、それが自己目的的であるということだ。つまり外発的な何かの報酬を求めてフロー体験が導かれるのではなく、あくまでも内発的報酬、つまり自己目的的、体験すること自体に目的があり、結果的に何らかの報酬や恩恵が差し出されてくるのだ。

これら「溶解体験」や「フロー体験」などのように、意図的に経験へと昇華されない「体験」にも、「経験」とはまた異なった文脈において意義が認められている。

3.4. 野外における体験の意味
3.4.1. 行としての野外体験

精神科医である塚崎は、治療が行き詰まった際に患者と治療者の2人で山に登ることを続けるうち、それが1つの治療的方法になり得るとし、「山登り療法」と名付けている[42]。そこでは患者が、治療に可能なことや治療者に期待しても良いことと、期待しても仕方がないことを認識、確認できることが分かってきたという。一定期間、患者と治療者がお互いに努力したが、成果があまり認められない場合、今後の治療経過を大自然や超越的な存在に委ねるような心境になる

のだという。塚崎はこれらの経験から、山登りを「行」として捉え、患者の症状や治療実践の中に「行」の視点を取り入れる有効性を説いている。

「行」については日本において修験道の存在が知られる。臨床心理学者の石川[43]は、熊野山系において自ら修験道修行を実践した上で、「修験道療法」を提唱している。そこでの修験は山々を歩く回峰行のみならず、滝行や護摩行、断食行や勤行などの宗教的行や、農作業や山仕事、薪割りや掃除、食事作りなど、24時間のすべてが自然とともにある共同生活の中において修行として行われる。そしてこのような生活を繰り返す修験道には、各種の心理療法（カウンセリング、森田療法、作業療法、運動療法、呼吸法、瞑想法、森林療法、遊戯療法など）の総和以上の要素が含まれていると述べる。

24時間のすべてにおける共同生活は、まさに野外教育の典型例である組織キャンプの在り方と非常に共通している。山や沢に登り、食事を作り、何らかの作業をするというような内容を含む組織キャンプは、意図的な野外教育として日本中で様々な対象に向けて開催されている。しかし無意図的というか、宗教的目的としての行や修験道の体験が、治療的分野において成果を示していることは、非常に興味深い。したがってこれら精神科医や臨床心理学者による「行としての野外体験」という視点は、野外教育における登山やキャンプにおける体験、あるいは教育そのものの意味を考える上で貴重な示唆を与えてくれると考えられる。セラピーとして治療的なキャンプを実践する坂本[44]は、治療としてのキャンプの意義を検討する中で、実際に「儀礼」「知恵」「諦めの念」「畏敬の念」等の宗教的なキーワードをいくつかあげる。しかしながらそれらを近代科学的に理解することは困難であるとし、修験道や行といった人類学や宗教学等の視座が欠かせないと述べている。

3.4.2. 野外教育研究における体験の分析

日本においても、野外教育における体験に着目し、その分析や意義

について検討を行っている研究がいくつかある。

　まず1つ目の視点として、野外教育の成果に及ぼす体験は、一体どのような体験なのかという問いに答えようとするものである。その際のアプローチとして主に2つの方法が採られている。張本[45]は、キャンプ参加者の自己概念を変容させる要因として体験に着目し、その因子分析及び自己概念変容への影響について検討を行っている。また、自己概念変容の介在変数としての体験だけでなく、より包括的にキャンプにおける体験内容を測定する尺度を西田ら[46]が作成している。これらは予備調査においてキャンプ参加者の感想文や自由記述から体験内容を抽出した後、項目の妥当性や信頼性を検討した上で尺度を完成させ、体験を定量的に測定しようとする試みであった。しかしながら尺度を用いた定量的な調査であるため、体験の内実までは十分に明らかにされてはいない。

　また、近年になってラダーリング調査の手法を用いて体験とその質、獲得される効果の関連をモデル化し、学習過程における体験の意味を説明しようとする研究が相次いで報告されている[47][48][49]。ラダーリング調査は、野外教育場面において学習成果を自己評価し、それはどのような体験に起因し、そしてどのような意味があったのかを順次回答させ、得られた回答から学習過程をモデル化しようとする試みであった。自己評価を元に分析するという点で、予想される成果を明らかにするものではなく、より個別で起こっている因果関係を明らかにするという点で優れた手法といえるが、体験自体の内容については西田ら[46]の因子を参照することが多く、体験の詳細にまでは検討が加えられていない。

　次に2つ目の視点としては、個人の存在や価値観に影響を与えた過去の体験を分析するものである。ライフストーリー研究やライフヒストリー研究と呼ばれる研究では、調査対象者の語りの分析が行われる。例えば岡本ら[50]の研究では不登校経験者を対象に自然体験活動についての語りを分析し、不登校児の心理状態や自然体験活動の意味づけを考察している。また堀出ら[51]は大学卒業生を対象に、

在学時に履修した体育系科目における登山の体験について、インタビューを通じて登山時における体験やその意味づけについて分析している。

ここまで記した体験を分析しようとする試みは、どちらかと言えば野外教育の成果を説明する要因として体験を捉え、その意義をより積極的に明らかにしようとするアプローチであるといえる。

体験に焦点を当てた 3 つ目の視点は、体験中の出来事の詳細を、映像を通して記録したり分析したりするものである。泉ら[52]や大石ら[53]は、森林教育場面において参加者に小型ビデオカメラを装着させ、ビデオ映像や音声の分析を通してどのような体験が為されているのかを詳細に明らかにした。一方、張本[54]は沢登りを対象に、また張本ら[55]はスノーシューハイキングを対象として、参加者が撮影した写真と事後に付されたキャプションの分析を通し、どのような体験が起こっていたのかを分析している。ビデオカメラや写真などを通した分析は、体験の教育的意義を積極的に見出そうとするものではない。しかし体験中のあるがままの出来事が撮影されている点で、よりその内実に沿った分析が可能となり、個別的な体験事例の検討が可能となっている。

その他の視点としては、先に述べたフロー体験の分析があげられる。これまでに独自の質問紙あるいは標準化された尺度を用いて、ロッククライマー[56]、登山[57]、ダイビング[58]、スキー・スノーボード[59]等を対象としてフロー体験の構造が分析されている。これら尺度を用いた調査では、フロー体験の全体像を把握することに優れている。また一方で、個別の事例におけるフロー体験を明らかにするため、インタビューを通したマリンスポーツ時におけるフロー体験に関する分析[60]が一部で試みられている。共通して、以上の調査では各種の野外活動においてどのようなフロー体験が為されているのか、またどのような時に楽しさが享受されているのかが分析されている。

また教育的側面からは張本ら[61]がキャンプにおけるフロー体験と生きる力の変容との関連について明らかにし、フロー体験の有益性

について一部で検討している。

3.5. 体験における2つの視座

　以上見てきたように体験は本来、人間が人間として生きていく上での生活基盤、精神基盤でもあったといえるが、やがて社会様式の変化などによって直接的には体験の重要性は薄れてきた。そのことと反動するかのように、言語や知識を重視した教育へのカウンターとして体験の重要性が指摘され、さらに体験に思考を介在させることによる経験の連続こそが教育であるというデューイの教育観が誕生し、今日の野外教育における手法として多く取り入れられる体験学習法へと発展していく。レビューするまでもなく、体験学習法を取り入れた野外教育の成果がこれまでに数多く報告されている。
　しかし一方で、教育や発達の論理、またそれら有益性に還元されない次元において、体験は既に存在意義があるとする立場も存在する。野外教育研究においても、その成果のメカニズムを説明する要因として体験に着目した研究が為される一方で、ありのままの体験の内実を測定、記述、分析する試みが一部でなされている。しかしながらまた、行や修験道、治療キャンプの実践家からの見地では、教育の論理だけで体験の意味を追求する困難さと、人類学や宗教学等、多方面からのアプローチの必要性が読み取れた。

4. 問題提起

　ここまで「教育」に関してその意味や成立背景などについて概観してきた。また「体験」についてもその意義や教育思想における変遷、さらに野外教育研究における体験の分析例について概観してきた。これら一連の把握を通し、互いが関連し合うような2つの視座が浮かび上がってきた。すなわち教育には、最初から明確に意図性を持って行われる学校教育に代表されるような意図的な教育と、明確な意図のない状況でも何らかの教育的成果が発生するという無意図的な教育とが存在している。またそのことと関連して、ありのままの体験

や、有益性に還元できない次元の体験、あるいは楽しい体験にそもそもの価値があり、その内実や内発性に重きを置く1つ目の方向と、教育的成果や成長に導くため、体験を意識的に経験へと発展させる2つ目の方向が認められた。

　これら2つの視点や方向性を認識することは、野外教育の実践や研究における課題や限界を認識し、また一方では今後の可能性や方向性を広げるのではないかと考えられる。というのも、今日一般的に実践されたり研究対象とされる野外教育では、＜教育的意図→目的や目標の設定→プログラム、アクティビティーの設定→参加者の体験→ふりかえりやシェアリングを通した体験の経験化→学びや成長＞というプロセスが指向されることが多い、あるいは望ましいと考えられているように感じられるからである。つまり意図的な野外教育だけが主流を占めているのではないかという事に対する疑義である。このことは一部既に第1章で述べた。

　このような野外教育に対する一般的な価値観に対しては、矢野[62]による次のような言説がその再考必要性を訴えてくる。

　　　教科書を読む学習のように文字をとおして知るのとは異なり、具体的な体験は子どもの身体性と深く結びつくかたちで、様々な形成力をもっていることはまちがいない。体験は、なにより問題解決の能力を高めるだろうし、人間関係を深め社会性を身につけることに役だつだろうし、自然への認識力を発展させるだろうし、様々な身体の技法や技術を訓練することになるだろう。つまり、体験は子どもの能力を発達させるのに重要な手段であり、子どもの成長にとって不可欠なものであるにちがいない。
　　　しかし、これらは体験の重要性の1つの側面を示すにすぎない。体験は子どもの「能力の発達」に役だつから必要なだけではない。むしろ、体験を教育の手段としてのみとらえることは、体験がもっている重要な側面を見落としてしまうことになる。
　　（p. 112）

このような有益性に還元できない体験は、自分自身を価値あるものと感じたり、現在に生きていることがどのようなことであるのかを深く感じられたりするような、自己の尊厳や生の合一とでも表現すべき瞬間であるという。このような瞬間における体験を矢野[63]は生成と呼ぶが、言語化が困難で意味として定着できないところに生命の充実感や生きる喜び、すなわち「生成としての体験」の価値があると述べる。またフロー体験についても、その根本は自己目的性であり、外発的な報酬や成果を求めるものではないことを既に述べた。
　野外教育における実践の中でも、指導者の教育的意図がかえって問題になる場合がある。例えばある野外教育実践において明確な目的や課題が設定されている場合、指導者はその目的や課題を被教育者に対して言葉によって要求したり、それが理想であるような態度や立ち振る舞いを通して示すことが多少なりとも存在するだろう。しかもそれは教育活動において行われるので、一般的には社会通念上望ましいとされる一種の価値観のようなものである。
　このような場合において問題となるのがいわゆる過剰適応やよい子的な反応が見られることである。過剰適応とは、環境からの要求や期待に対して、個人が完全に近い形で従おうとすることであり、内的な欲求を無理に抑圧してでも、外的な期待や要求に応える努力を行うことであるとされている[64]。また過剰適応と近似する概念として知られるよい子について、山川[65]は学校教諭を対象とした分析から、例えば「友人をリードする」「自分だけでなく、周りのことも気にする」「面倒見が良い」「教師の指示を先読みし、行動する」「教師の顔色を見る」「しなければいけないことは、きちんとする」などの特徴を見出している。
　個人の心理的側面や社会的側面への効果を目的とした野外教育場面では、指導者の言動や態度、立ち振る舞いを通し、山川[65]の述べるような言動を求めたり、また被教育者がそれに同調するかのように応じ、答えようとしたりする場面・状況が少なからず存在すると思

われる。そのことは実践を経験した指導者なら誰にでも容易に想像できるだろう。教育者が意図した方向に、被教育者が変化することは、一般的には教育成果として考えられる。

　しかしながら過剰適応的な態度は、周囲に同調し摩擦を回避するという意味では外的な適応を促すものであるが、自分の心の中に生じた「生（なま）の感情」に向き合うことを妨げるという点では、個人の内的な適応に歪みを生じさせるものである[66]。ねらいや目的が明確化され、かつ集団での活動を多く含む野外教育においてもこのような状況が発生している可能性は否定できない。例えばキャンプの最初に指導者が「キャンプでは自由に遊ぼう、自由にやろう」と言いながら、決められたプログラムを消化することに専念し、なおかつメンバー間の協調性を言動や態度で求めてしまうことは、「生の感情」を無視するという意味で、キャンプのダブルバインドではないだろうか。

　問題提起として極端な例をあげたが、以上のようなことを考え合わせると、特に体験学習法を取り入れ、教育意図が明確な中において、体験を経験へと昇華させようとするあまり、「生成としての体験」や「生の感情」が見落とされることもあるのではないだろうか。過剰な適応や安易な同調が起こっていても、表向きの成果が表れるほど、そのことに気づかないまま指導者だけが満足することがあるのではないだろうか。つまり、指導する側の文脈を重視しすぎるあまり、指導される側、体験する側の個々の文脈がしばしば考慮されない事態が起こり得る。学ぶべきものが予め計画されているために、本来は個性的で主観的な体験が、画一的で客観的な体験になりかねない。言語化できないような体験あるいは体験の価値が、言葉による手続きを急ぐあまり、臨場の体験とは異なる文脈で捉えられ、思い込み、装飾が施されてしまう危険があるのではないだろうか。

　問題提起についてまとめると、指導者側の文脈でのみ野外教育を捉えることは、その本質的な理解が限定されてしまうという難点が発生するということである。

5. 課題と展望

　先の問題提起に即して述べれば、教育的な文脈のみならず、臨場の個々の文脈についても緻密に拾い上げる必要性が浮かび上がる。そのことで野外教育はさらに幅を持った教育となり得ることができ、その広がりが見えるだけでなく、より本質的な理解が深まると考えられる。

　例えば今村[67]は、森のようちえんに関する用語や概念、活動の特徴について整理を行っているが、そこでは学習内容の意図性や順序性がある程度排除され、偶発性や予測不可能性が学びの特徴であるとし、そのことは教育目的観を揺るがす点で意義があると述べる。学校教育では産業社会で有用な知識と技能や価値観を注入するのに対して、森のようちえんではそうした有用性は捨象されているというのだ。また野島[68]は「正統的周辺参加（Legitimate Peripheral Participation：LPP）論」の枠組みを援用しながら、冒険遊び場における子どもたちの自然発生的な遊びについて分析している。大人が主導する企画や目的に対して、そこから派生、逸脱した遊びが展開されていることを明らかにし、多層的で様々な文脈において生成している遊びの価値を見出している。岩佐[69]は地域における独自の生活文化や伝統、習俗、及びその継承などにはインフォーマルな教育が存立するとし、事例研究を行っている。聞き取り調査から浮かび上がってきた内発的な学びの内容や構造に関して詳細な分析を行い、それらを地域住民の生活自体から発現してくる内発的発展のプロセスに埋め込まれた地域創造型の教育や学習、すなわち「持続可能な発展のための内発的教育（内発的ESD）」と定義した。

　森のようちえんにおける無意図的な教育や学びの在り方、冒険遊び場における自然発生的な遊びの価値、地域におけるインフォーマルな内発的教育、これらは教育的意図が明確に示されず、経験として昇華されないありのままの体験にこそ、その価値や意味を見出している。一般的に理解されている教育とは別の視点からの成果を示している。

そして教育的に意図的でないこれらの活動を、これまでは見落とされがちであった野外教育のあり方として捉えるとき、野外教育を理解する上で重要なもう 1 つの課題が明示されるのではないだろうか。すなわち、野外教育に携わる私たちが、なぜ「野外」教育を行っているのかという、未だ不明瞭な「野外」とは何かに関する理解や解釈が可能になるのではないだろうか。

　先の岩佐ら[69]によれば、住民は地域の自然について、自分を取り巻く外部環境として客観的に認識しているのではなく、精神的な楽しみや、家族や地域の信仰の対象、あるいは生計のために欠かせない存在として、実質的には自分たちの共同体の一部に組み込んでいることを明らかにしている。沢田[70]は漁業を主産業とする地域において、子ども及び子ども集団の遊びに関する研究を実施した。そこでは、子どもの遊びは大人の労働実践のひな形として、また集団での遊びは大人の地域社会のひな形として機能していることを明らかにしている。また地域を特徴づける海の存在は、子どもにとっては遊びのアフォーダンスを、大人にとっては労働のアフォーダンスを提供していたことが推察できた。また水谷ら[71]は森のようちえんで起こる様々な事象について記述的エピソード法を用いて分析、報告しているが、予期せぬ偶然の出来事が起こり、意図されていなかった遊びや学び、泣き笑いといった感情が次々と起こり、結果的に幼稚園教育要領や保育所保育指針にあるような教育活動が展開されているという。

　これらの臨場で生まれる出来事や体験を詳細に分析する研究の積み重ねによって、野外教育における「野外」を単に戸外や自然といった概念で捉える限界と、それとは逆説的ではあるが、なぜ「野外」なのかについての答えとなる言説を導くことができるのではないだろうか。そしておそらく、そのときに必要なことは、文化人類学や宗教学、現象学等、これまで以上に多様な分野からのアプローチが重要になると思われる。

【注】

1) 松村明、三省堂編修所 編（1988）：大辞林、三省堂、626
2) 三省堂編修所（1987）：実用新国語辞典、三省堂、184
3) 前田富祺 監修（2005）：日本語源大辞典、小学館、249
4) 前掲書3）、688
5) 白川静（2003）：常用字解、平凡社、126
6) 前掲書3）、14
7) 諸橋轍次（1986）：大漢和辞典修訂版、大修館書店、巻九：264
8) 下宮忠雄、金子貞雄、家村睦夫（1989）：英語語源辞典、大修館書店、159
9) 田代正雄（1984）：語源中心英単語辞典、南雲堂、159
10) 牛渡淳(2000)：教育学原論、中央法規、3-12
11) ランゲフェルト（1984）：よるべなき両親、玉川大学出版部、24
12) ルソー(1967)：エミール1、明治図書出版、17-89
13) ポルトマン（1961）：人間はどこまで動物か-新しい人間像のために-、岩波書店、88
14) ポルトマン（1981）：生物学から人間学へ、思索社、96
15) 藤永保（1990）：幼児教育を考える、岩波書店、129-166
16) デュルケム(1964)：道徳教育論1、明治図書出版、11-34
17) 原ひろ子（1979）：子どもの文化人類学、晶文社、172-202
18) 滝川一廣(2012)：学校へ行く意味・休む意味、日本図書センター、40-78
19) 産業（3部門）別就業者の割合の推移（1950年～2005年）、統計局ウェブサイト、https://www.stat.go.jp/data/kokusei/2010/final/pdf/01-08.pdf（2018.10.31）
20) 前掲書17）、17-23
21) 河合隼雄・小林康夫・中沢新一・田坂広志（2000）：日本人の心が直面していること、こころの生態系、講談社、43-100
22) 酒向健・高森充（1991）：教育と社会・制度・経営を学ぶ、福村出版、41-58
23) 小森伸一(2011)：野外教育の歴史、自然体験活動研究会編、野外教育の理論と実践、杏林書院、12-22
24) 井村仁(2006)：我が国における野外教育の源流を探る、野外教育研究 10(1):85-98
25) コメニウス（1980）：大教授学Ⅰ、明治図書、45-197
26) 庭野義英（1999）：17世紀ヨーロッパの理科教育思想に関する研究-コメニウスの直観教授論を中心として-、上越教育大学研究紀要 19 (1)：83-98
27) 田中潤一（2011）：直観教授の意義と方法-コメニウス・ペスタロッチーからディルタイへ-、佛教大学教育学部学会紀要 10：89-100

28) 水口洋（2015）：総合的な学習の時間の行方、教育研究 57：35-45
29) ルソー(1967)：エミール1、明治図書出版、17-89
30) 伊藤忠好（1972）：ペスタロッチの教育思想、福村出版、17
31) 宇佐美寛（1969）：L. H. ベイリの「自然学習」-アメリカの進歩主義教育運動の資本主義的側面-、千葉大学教育学部研究紀要 18：43-55
32) 中野啓明（1998）：デューイにおける「第一次経験」と「第二次経験」の関係に関する一考察-学習論の観点から-、日本デューイ学会紀要 39：12-17
33) デューイ（1997）：デューイ＝ミード著作集 4 経験と自然、人間の科学新社、23
34) 山川肖美：経験学習-D. A. コルブの理論をめぐって、赤尾克美（編）生涯学習理論を学ぶ人のために、世界思想社
35) 青少年の野外教育の振興に関する調査研究協力者会議（1996）：青少年の野外教育の充実について、文部科学省
36) 廣松渉ら編（1998）：岩波哲学・思想辞典、岩波書店、401.1008
37) 石村秀登(2010)：「体験的な学習活動」に関する一考察-体験と経験の可能性-、熊本県立大学文学部紀要 16 (69)：77-87
38) 矢野智司（2013）：生命性と有能性の教育に向けて、円環する教育のコラボレーション：15-28
39) チクセントミハイ. M (1991)：楽しむということ、今村浩明（訳）、世界思想社、65-92
40) Csikszentmihalyi, M. (1993) Evolution and flow , The Evolving self : A psychology for the third millennium , Harper Collins , New York , 175-206
41) Seligman, M. E. P. & Csikszentmihalyi, M. (2000) Positive psychology : An introduction. American Psychologist, 55:5-14
42) 塚崎直樹（1996）：「行」と心理療法、加藤清監修 癒しの森 心理療法と宗教、創元社、75-112
43) 石川勇一（2012）：トランスパーソナル心理療法としての修験道-修行の心理過程と修験道療法-、トランスパーソナル心理学 12 (1)、49-72
44) 坂本昭裕（2009）：キャンプを利用したセラピー、筑波大学野外運動研究室編、キャンプの知、勉誠出版、東京、101-116
45) 張本文昭（1996）：キャンプにおける自己概念変容とその要因の検討，筑波大学体育研究科研究論文集 18：335-340
46) 西田順一（2002）：児童用組織キャンプ体験尺度の作成および信頼性・妥当性の検討、野外教育研究 6 (1)：49-61
47) Mark Wagstaff・Taito Okamura (2013)：Assessing the Impact of a WEA Outdoor Leadership Course、日本野外教育学会第 16 回大会プログラム・研究発表抄録集、112-113
48) 島崎晋亮・吉田理史・砂山真一・岡村泰斗（2014）：短期企業野外研修における選

択登山が学習過程に及ぼす影響、日本野外教育学会第17回大会プログラム・研究発表抄録集、22-23

49) 濱谷弘志（2015）：バックカントリー体験はどのような効果をもたらすのか、日本野外教育学会第18回大会プログラム・研究発表抄録集、56-57

50) 岡本祐子・小嶋由香・馴田佳央（2011）：自然体験活動が不登校経験者の発達に及ぼす影響と意味づけ、広島大学心理学研究11：189-199

51) 堀出知里・橘直隆（2006）：野外運動（登山）を通して学生は何を学んだか-ある卒業生へのインタビューからの考察-、大学体育研究28：83-90

52) 泉操・比屋根哲・大石康彦（2001）：ビデオカメラを用いた森林野外活動時における児童の行動把握、野外教育研究5（1）：27-38

53) 大石康彦・井上真理子・井倉洋二・小林修・石井克佳（2013）：林業体験活動の野外教育としての意味-間伐体験の事例から-、日本野外教育学会第16回大会プログラム・研究発表抄録集、82-83

54) 張本文昭（2010）：沢登りの体験分析、日本野外教育学会第13回大会プログラム・研究発表抄録集、68-69

55) 張本文昭・多田聡・土方圭・遠藤知里（2011）：スノーシューハイキングの体験分析、日本野外教育学会第14回大会プログラム・研究発表抄録集、64-65

56) 佐藤知行（1988）：クライマーの動機とフロー経験に関する研究、筑波大学大学院修士課程体育研究科修士論文

57) 張本文昭・大村三香・平良勉・小橋川久光・川端雅人（2000）：登山におけるフロー経験、野外教育研究4（1）：27-37

58) 千足耕一・吉田章（1996）：スポーツダイバーの動機とフロー経験に関する研究、筑波大学運動学研究11：97-105

59) 千足耕一・川田儀博・川端雅人・張本文昭（2001）：大学スキーおよびスノーボード集中実技におけるフロー経験、国士舘大学体育研究所報：57-68

60) 張本文昭（2000）：マリンスポーツの楽しさとは？-フローの概念を用いた事例的検討-、日本体育学会大会号51：399

61) 張本文昭（2008）：キャンプにおける生きる力の変容とフロー経験との関連、日本野外教育学会第11回大会プログラム・研究発表抄録集、91

62) 矢野智司（2006）：意味が躍動する生とは何か-遊ぶ子どもの人間学-、世織書房、横浜、112、

63) 矢野智司（2003）：「経験」と「体験」の教育人間学的考察-純粋贈与としてのボランティア活動-、市村尚久ら編 経験の意味世界を開く-教育にとって経験とは何か-、東信堂、

64) 石津憲一郎・安保英勇（2008）：中学生の過剰適応傾向が学校適応観とストレス反応に与える影響、教育心理学研究56：23-31

65) 山川法子（2002）：いわゆる「よい子」の学校における位置づけ、日本教育学会

大会研究発表要項 61：48-49
66) 桑山久仁子（2003）：外界への過剰適応に関する一考察-欲求不満場面における感情表現の仕方を手がかりにして-、京都大学大学院教育学研究科紀要 49：481-493
67) 今村光章（2014）：現代の学校教育の再考契機としての森のようちえんの意義-「自然学校としての森のようちえん」を手がかりに-、環境教育 23（3）：4-16
68) 野島智司（2009）：遊びのコミュニティにおける自然との関わり-主文脈からの逸脱と新たな価値の生成-、環境教育 19（2）：58-70
69) 岩佐礼子（2013）：持続可能な発展のための内発的教育（内発的 ESD）-宮崎県綾町上畑地区の事例から-、環境教育 22（2）：14-27
70) 沢田英三（1998）：広島県豊島の漁業コミュニティにおける子どもの遊び集団とその活動の発達的意味-大人の雛形としての子ども/コミュニティの雛形としての子ども集団-、安田女子大学紀要 26：339-349
71) 水谷亜由美・今村光章（2014）：記述的エピソード法を用いた行事型森のようちえんの実践報告、岐阜大学教育学部研究報告研究実践研究 16：51-

第5章　野外教育実践の可視化：
「教育」と「野外」の概念整理に基づく
二次元マッピング

1. はじめに

　野外教育の学問的課題として当該分野に関する原理的・哲学的そして思想的議論の少なさが指摘され、これらに関する検討の活発化が求められている[1]。このような野外教育研究の現状を受け、張本ら[2]は野外教育における「教育」概念について再検討を行い、野外教育の文脈には留意すべき「意図的」・「無意図的」という二つの教育的側面が存在することを指摘した。また、土方[3][4]は野外教育における「野外」概念をとりあげ、「風土」概念を援用しながら「野外」に従前とは異なる意味の解釈を行い、新たな理論的キーワードに仕立て、さらに野外教育についてその原理の明文化を試みた。これらの議論は野外教育における教育とは何か、野外とは何であるかについて再解釈を行ったものであり、当該分野における原理的検討の不足からその必要性がしばしば指摘されていた野外教育に関する理論の検討を扱った研究であった。

　一方、野外教育関連の学術団体である日本野外教育学会は、分野特性を示すキーワードとして自然・人・体験をあげており[5]、なかでも「体験」は野外教育における直接的・身体的な実践性の強調を示すものといえる。しかし、野外教育実践を実験的研究法や調査研

究法により分析した知見が蓄積されてきてはいるものの、先述のように体験の理論について検討し言語化や体系化を目指すような研究はまだまだ少ない。実践と理論は決して対概念でなくいわば車の両輪ともいえる相補的関係にあり、当該分野における理論的検討の充実が期待される。とはいえ、理論的な検討は机上の空論でなく実践へと繋がっていることが大前提である。この点を十分考慮するならば、先の土方と張本らの試みは机上の営みに終始することなく実践を豊かにするものとして捉えるべきことはいうまでもない。

　ところで、ある事象を改善及び発展させる（例えば、教育的活動においては学習者の成長を望む・促す）といった「目標に向かう行為」にとって重要な前提として「現状の把握」があげられる。例えば、野外教育に関係の深い読図においても、目的地に向かう様々な技術（コンパスワーク等）を駆使するためには、まず現在地（現状）の特定が前提となる。これに倣うならば、野外教育実践においても、自身の教育活動は何を目指し、野外教育という広大な地図のどの辺に位置し、そしてどこへ向かっているのかという問いが重要になる。換言すれば、これは実際の野外教育の実践と教育目標に齟齬が生じていないかという現実と信念のあいだの妥当性の検討ともいえる。また、そのように目標志向的に何かを目指さなくとも、広大な地図上で自分の位置を知ることは「そこではない何処か」の存在を意識することができるであろうし、自信を持って「そこに留まる」こともできるかもしれない。このように自身の教育実践を俯瞰する視点は、活動内容を様々に問い直す（自己点検する）上で極めて重要な示唆を与えてくれるであろう。

　そこで本稿では、先述の張本らの野外教育における教育概念の再検討[2]及び土方の野外概念再検討による示唆[3]と野外教育の明文化[4]についての理論的な知見を実践に繋げるべく、野外教育の実践者が個々の活動を布置（マッピング）し客観視を可能にする手がかりを提示することを目的とする。具体的には、野外教育という広大な領域を二次元的に捉え、各種の野外教育実践をマッピング可能に

する座標軸の論理的設定を企てる。幸いにも先述の野外と教育両概念の検討は、野外教育という概念を構成する二つの鍵概念に対応したものであり、これらを座標軸として定めることにより当該分野を広く俯瞰し、野外教育の多様な実践を可視的にマッピングすることを可能にするであろう。この試みは理論と実践を架橋するものであり、当該分野における原理的検討と実践的活動の融合に資する先駆的研究となることが期待される。

2. 布置（マッピング）を可能にする条件

　布置とは物を適当な所に置き並べること、配置を意味し、先に示したように野外教育に馴染み深い読図の状況に置き換えるならば、様々な情報から地図上（平面上）のある地点を把握することといえる。読図において現在地がわからない場合には、二つの目標物と方位磁針の示す角度から現在位置を割り出す方法が確立されている（クロスベアリング）[6]。このように平面上である地点を特定する場合には二つの情報（XとY）が必要とされる。自分の野外教育実践の相対的な位置を俯瞰的に眺めようとする場合においては、先述のように二次元上のマップにプロットするための二軸（X軸とY軸）を設定する必要がある。そのためには野外教育という広大な地図を成立させている二つの軸を構想する必要がある。

3. 野外教育における「野外」概念の再検討からみた分類軸

　野外教育実践をマッピング可能にする二軸（X軸とY軸）を設定する際に着目すべきはどのような要因であろうか。
　我が国における野外教育はアメリカ起源の outdoor education の訳語とされてきた[7][8]。それらは共通して野外教育における野外を自然とほぼ同義としてきた。
　一方で土方[3]は、上述のような起源をもつとされる野外教育を風土概念で基礎付けることにより変更し、野外概念を以下のように再解釈した。

「野外」とは「人間が（近代的自我や機械論に代表される現代文明から）外に出ることによって（外に出る・出ていることを本質とする）人間の実存性を露わにすること。また、風土もしくは風土性に曝されること。及びそれら二つの相互作用」という関係概念として再解釈が可能であった。つまり、野外教育とは「現代文明から外に出ること（実践的な文脈では多くの場合「自然環境」）により人間の実存性を露わにする教育であり、それらと相互に作用しながら醸成されてきた風土及び風土性へ曝す教育」である（p.25）。

　換言すると、従前では「自然」や「戸外」に類似の意味を帯びていた「野外」概念が、現代的価値観（客観的・自然科学的価値観）という強固な殻または網から外へ出るという意を中核とする関係概念へと転回されたのである。
　この理論化の過程における丁寧な議論は、野外教育を規定する要因として十分な妥当性を担保するといえる。加えて、野外を自然と同義とした場合の自然という用語のもつ曖昧さから距離をとることができ、野外概念に様々な関係性という意味合いをもたらすことになった。これにより教育実践の多様な差異をより豊かに表すことが可能になる。
　以上より、野外教育実践をマッピングするために必要な一つ目の軸の要因は、土方によって再解釈された野外概念とすることが適当であろう。

4. 野外概念における風土性に関する補足図

　土方の議論により導かれた野外は風土により基礎付けられている。マッピングを可能にする一つ目の軸は野外であり風土が鍵となる。土方は風土概念に関するこれまでの知見を援用し野外教育を以下のように明文化した[4]。

I 野外教育実践では風土及び風土性が意識されるべきである
I－1 野外教育実践では身体的な関わり合いが意識されるべきである
I－2 野外教育実践では地域の自然は生活的自然として理解され扱われるべきである
I－3 野外教育実践では地域社会・人々の自然との関わりにおける共同性・共同関係が理解され扱われるべきである
I－4 野外教育実践では地域の自然と人々との関わりにおける一体性・身体的関わりが理解され扱われるべきである

　これらより野外を基礎付けている風土は次の3つの要素から構想されていると理解できる。まず、明文化されたI－1における「身体的な関わり合い」などから「身体性」の要素が含まれるものと解釈可能である。この点について土方は「身体を介して直接的且つ体験的に行われる（p.8）」と表している[4]。また、I－4における「地域の自然と人々の関わり」は、ある特定の場所で自然と人々が空間を共有する状態（相互に作用する状態）を表す「場所（空間）性」の要素として、そしてI－3における「地域社会・人々の共同的関わり」は先のI－4に比べて人々の共同性により焦点化されており、この人々の関わりの積み重ねが文化を育み、これら営為の堆積が「歴史（時間）性」の要素として解釈可能である。ちなみに、I－2は人々が身体的に直接かかわっていく自然は決して抽象的な自然ではなく生活的自然である。この生活的自然とはI－4において表されている個別・特定の空間（地域）に存在する人々と関わる具体的な自然であり、またI－3における特定の空間と人々との相互作用により地域を形成するに至った時間性を帯びた自然を表象したものである。以上より野外概念の鍵となる要素は「身体性・空間性・時間性」といえ、これらが野外という軸をより詳細に表すものといえる。つまり二次元マッピン

グで野外の軸が高ベクトルへ移動するということは、身体性・空間性・歴史性といった3要素をより色濃く反映した教育内容を表すことを意味する。

ところで、マッピングを可能にする軸の一つを野外とし、これを基礎付ける風土（及び風土性）について言及したが、この風土の3要素は相対する概念ではなくそれぞれが相補的な関係をもつ要因でありその総体が風土といえる。本稿では3つの要素を切り分けて便宜的に風土を表するが、これらは独立して存立するものではないことをしっかりと留意されたい。そして、この前提にしっかりと配慮しながらも、今回の試みをさらに有意義な実践的指標とするためには、X・Y座標によるマッピングに加え、特にX軸に補足して先の3つの要素の相補的関係を可視化する必要があろう。そこで、以下にこの3要素の可視化を試みてみたい。

まず一つ目は、身体・振る舞い・体験を表す身体性の要素となる。続いて、関わりの空間位相という視点より場所性という要素が設定可能である。最後に、関わりの時間的位相への着目から歴史性の要素を設ける。この3要素が他の2つの要素と密接に関連しながらも距離と方向（ベクトル）を保ち、その総体としての風土を表現するものとしてレーダーチャート（この場合、3方向への放射状ベクトル）が適当であろう。これにより活動の特性といえる3要素の濃淡が表現

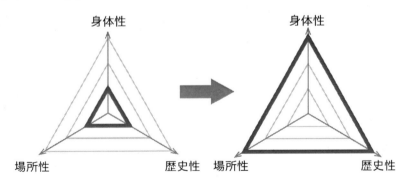

図1　野外性の軸を補足する3要素（身体性・歴史性・場所性）

され、総体としての風土をより詳細に可視化可能にする。具体的には、各ベクトル上にプロットされた3点から形成される三角形の面積が大きくなるほど、活動の風土性が増すことを意味する。また、風土の3要素それぞれの偏りを可視化して確認することができ、自身の活動傾向の把握に役立てることができる（図1参照）。

5. 野外教育における教育概念の再検討からみた分類軸

野外教育におけるマッピングについて、一つ目の軸が風土性により基礎づけられた野外軸となった。それでは、マッピングのために必要なもう一つの軸は何であろうか。一つ目の野外は野外教育という用語における教育を方向付ける限定詞であった。では、野外という限定詞に方向付けられる教育とは野外教育の文脈においていかなる特徴を有するのであろうか。

張本ら[2]は野外教育の文脈における教育概念について再検討を行い、以下のような意味と方向性を見出した。

> 「教育について語源的な意味を改めて捉え直し、その成立背景や必要性について認識してみると、一部繰り返しになるが、2つの意味と方向性が認められた。1つは人間の内に持っている発達や成長の可能性を育み引き出すという「育」に重きが置かれる側面と、もう1つは人間の外から必要な知識や技能を教えるという「教」に重きが置かれる側面の2つがあることが示される。また関連して「教」の多くは意図的にそれが為されるのに対して「育」が成立する場合は無意図的に、結果的にそれが為されている状況が存在している（p.31）」

以上のように、張本らは教育には意図的な「教」の要素がより強い教育と無意図的な「育」の要素がより強い教育が存在しているとした。また、特に野外教育の文脈においては、土方の風土性なども加味して、つまり生活的自然として日常的に人と自然が相互に作用する

という観点から、この育の要素の強い無意図的な教育性にも着目すべきであるとした。

　この主張から、野外教育という地図を構成するもう一つの要素は教育であり、その評価に必要な観点として、教を重視した意図的な傾向にある教育と育を重視した無意図的な傾向にある教育を提示することが可能であろう。

　以上より、野外の軸に対応するもう一つの軸は教育と解釈することが可能であり、その軸は「教の重視（教育意図高）」⇔「育の重視（教育意図低）」というベクトルを持つものとなる。なお、ここで教育意図について「高」「低」と表記したが、これは野外性についての「高」「低」と表現を揃えたもので、先述のように教育意図高とは意図的・恣意的な傾向が強い教育であり、教育意図低とは育を重視した無意図的な要素の強い教育を含意している。

6. 布置図の仮説的提示

　野外の軸をX軸に、教育の軸をY軸にとり、X軸をY軸の中央に接合させることで平面上に二つの情報を有する座標（X，Y）を定位することが可能になる（座標軸は横T字型）。教育は教の重視（教育的意図高）と育の重視（教育的意図低）という各ベクトルで表され、野外は風土性が増大するとプラス方向に延伸する。

　以下にX軸を野外軸：野外性高〜低とし、Y軸を教育軸：教の重視（教育意図高）⇔育の重視（教育意図低）とする内容を反映させた布置図を提示する（図2参照）。

　この図は、野外教育という広大な領域に以下の4つの要素からなる緩やかな区域を生み出し、そこに実践をマッピング可能なことを示している。

野外性高 × 教の重視（教育意図高）
野外性高 × 育の重視（教育意図低）
野外性低 × 教の重視（教育意図高）
野外性低 × 育の重視（教育意図低）

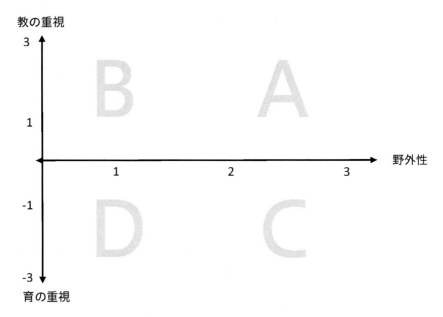

A 野外性高 × 教の重視（教育意図高）　B 野外性低 × 教の重視（教育意図高）
C 野外性高 × 育の重視（教育意図低）　D 野外性低 × 育の重視（教育意図低）

図2　野外教育実践に関する二次元マップ

7. 野外と教育をマッピングする手がかりとしてのルーブリック

　ここまではマップを成立させるための整備、つまり座標軸の設定を行ってきた。しかしこれだけでは完成したマップ（座標）上にプロットすることはできない。なぜなら、現段階ではプロットに際してどうしても恣意的要素が強く自己評価に出てしまう可能性が高いからである。そこで、この点についてある程度対処し少しでも客観性を増すために、野外教育実践をプロットする手がかりとなる基準の設定

を試みた。

　近年、学習成果を判断する厳格な成績評価をアカウンタビリティに耐えるレベルで達成しようとする試みとして「ルーブリック評価」が積極的に実施されている。
田宮[9]はこのルーブリックの特徴を「ルーブリックの基本形は、評価したい観点を縦軸にとり、評価基準を横軸にとった形となっている」（p.127）とし、効用について以下のように述べている。

　　(1) 評価観点・評価規準・評価基準を明確に提示することにより、授業および成績評価に対するアカウンタビリティを確保できる。
　　(2) 教員の意図をはっきりと示すことができる（学習目標の明示化）。
　　(3) 採点のぶれが少なくなる（公正な評価、評価の一貫性）
　　　以下、(4) ～ (9) 省略　　　　　　　　（p.127-128）

　そこで、野外と教育の軸に対して恣意的なプロットを避けるために、評価のぶれを抑制する効果もあるルーブリックを援用し、評価の観点および基準を設定した（表1参照）。ここでは教育の軸に対する評価の観点として「教の重視か育の重視か（教育意図高か教育意図低か）」が与えられ、それぞれのベクトルに相対的な距離の指標とするために目盛りが割り振られた（プラス3からマイナス3の範囲）。
野外の軸については、先ずルーブリックに記された内容に従い、身体性・場所性・歴史性という3要素それぞれの観点について解釈（自己評価）する。その評価が該当する得点を、補足図として作成されたレーダーチャートにプロットする。最後に、それら3要素の評定の平均を野外の軸にプロットするようにした。ここで繰り返し申し添えたいのは、野外を3つの要素（身体性・場所性・歴史性）として分けて表現しているが、野外を基礎付ける風土はこれら3要素が混然一体となった揺れ動く概念であるということである。そこから導かれ

表1 「野外」と「教育」をプロットするための観点および評定基準(文献2、3、4を参考に作成)

	観点	-3	-1	1	3
教育	教の重視か育の重視か	指導者の意図に沿った展開が遂行され、教えることが最優先される。ティーチングが最優先される	指導者の意図が偶発性よりも優先され、教えることが中心ながらも、育むことも意識される	偶発性が指導者の意図よりも優先され、育むことが中心ながら、教えることも意識される	偶発性による展開が見守られ、育むことが最優先される。ファシリテーションが最優先される
	教育意図高か教育意図低か				

		観点	0	1	2	3
野外	身体性	身体を介する程度	身体を介した体験活動をほとんど伴わない	身体活動が比較的少なく、体験も間接的である	身体活動が比較的多く、どちらかというと直接的な体験が多い	身体を介した直接的な体験活動が非常に多い
		直接体験の程度				
	場所性	場所の意味への配慮の程度(空間性への配慮)	特定の場所(空間)で活動する意味については無頓着で、どこで活動をしても同じである	特定の場所(空間)で活動する意味についてはあまり意識しておらず、その独自の環境と活動の関係にもあまり考慮がない	特定の場所(空間)で活動する意味を見出し、その環境と活動の関係を意識し、活動に反映している	特定の場所(空間)で活動する意味を積極的に見出し、その独自の環境と活動の関係に強く意識を向けている
		自然環境に対する捉え方 例えば気候・地形・土質・山野河海の構造・生態系などの空間的要因に関する意識の程度				
	歴史性	地域の人々の共同的な関わり方やその歴史が反映されているか(時間性への配慮)	特定の地域の人々の共同的な関わり方やその歴史(時間)に関連させて活動することなどが考慮されず、活動にもまったく反映されていない	特定の地域の人々の共同的な関わり方やその歴史(時間)に関連させて活動することなどがあまり考慮されず、活動にも反映されていない	特定の地域の人々の共同的な関わり方やその歴史(時間)に関連させて活動する意味を見出し、活動に反映している	特定の地域の人々の共同的な関わり方やその歴史(時間)に関連させて活動する意味を積極的に見出し、活動に大きく反映している
		地域の生活様式が反映されているか 例えば衣食住の様式、人間関係、集落の構造、掟や倫理、社会的制度、風習や生活習慣、儀礼、芸能、宗教、言語、気質や精神などの時間的要因について意識をしている				

た野外についても、当然、本来は 3 要素が相互に不可分なものであるということについて確実に留意されたい。

8. 野外教育実践事例への適用

　ここまで野外教育の成立契機から教育実践について分類を行う基準の設定に努めてきた。ここではこれら分類の指標が適用できるかも含めて野外教育の実践事例にあてはめ、ここまで検討してきた布置図やルーブリックを援用した評定の仕方について示してみたい。事例への適用に際しては、本研究のマッピングが他者の活動の評価にはなくあくまでも指導者個人が教育実践を振り返ることを主な目的としていることについて念を押しておく。また、以下にあげる事例については、実際に存在する複数の活動を参考にした仮想的事例と位置付けていることに留意され、ここまで検討してきた「布置図」が機能するか否かを主目的とする思考実験として理解していただきた

い。

　事例1〜4は、X軸に関して教の要素（意図的な教育要素）が相対的に強いと思われる活動事例である。選定に際しては、明確な教育目的を掲げられていることを基準とした。またY軸については風土性に重きを置いた活動と認められるものと風土性が比較的弱いと思われるものという観点から事例を分析した。そしてこれらの事例について、意図的な教育要素の強弱と風土性の要素がどのような程度であるかの組み合わせをもとに分類した。また事例5〜8については、X軸において育の要素が強い（教育意図低）教育の側に位置し、Y軸は先と同様な事例である。選定に際しての観点として、実施主体が明確な教育的目的を掲げていない、教育的目的を明確に設定しにくい、あるいは他の目的が設定されている等の傾向が認められることを基準とし、4事例を選定した。その上でY軸、すなわち風土性に重きを置いた活動であるのか、あるいはそうではないのかを基準に分類した。

　これら事例については、巻末に示した文部科学省、総務省、林野庁、農林水産省、首相官邸の各省庁ホームページ[10][11][12][13][14][15]等やその他の民間団体[16][17]において紹介されている全国的に注目されている野外教育活動事例の中から適宜選定し参考にした上で、仮想的な一般的事例として例示した。また、各事例には特性や特徴があり、当論文に記載する上で取り扱う項目や内容、方法などは統一できなかったことを予め記しておく。

　以下、各事例の概要の提示に続いて布置図上へのプロットを試み、マッピング例を提示する。

8.1. 事例1：A高等学校における里山保護活動

　事例1〜4は教育的意図が強い活動であるが、事例1と事例2については教育的意図を明確に示す学校を主体とした活動を紹介したい。本事例では、実在する高等学校における里山管理保護活動の実施実態を参考にしながら、学校近隣地域における里山保護活動の一般的

な事例として示す。選定事例における実態報告を引用した上で、地域や学校が特定されないように一部修正を加えた。

(1) 実施主体と指導者

参考にした本事例のように、実施主体は学校組織である。したがって主な指導者は学校教員であるが、個別の活動に応じて林業の従事者や、利用施設の職員等が指導にあたる。その他に里山保護活動を提供する自然学校などが実施主体となり、指導することもある。

(2) 活動のねらいと概要

日常生活圏の近くにある里山での林業体験では、自然保護教育と同時に自らが地域の自然環境を護る担い手としての意識を高めるねらいなどが設定される。選定した事例では具体的に、「近隣丘陵地の里山管理学習を通して自然保護の大切さと、自らが地域の自然環境を守る担い手となることを学ぶ。」、「共同作業を通して、協力して問題の解決策を導き出す能力を養う。」、「多様な地域指導者との交流を通して、人間性豊かな感性を育む」等の目的が設定されており、地域の自然環境保護の担い手育成と、参加者同士および参加者と指導者（近隣の林業従事者）との共同作業を通した関わり合いが期待されている。

活動は学校における総合的な学習の時間を活用した事前指導と当日の体験活動から全体が構成される。事前・事後学習では、その活動がどのような意味を持つのかなどについて十分に検討される。つまり、作業活動を中心とする体験活動を単なる労働の提供や作業の体験ではなく、事前、事後、または同時並行的に参加者が考え、その意義が納得できるような工夫がなされることが多い。

(3) 活動の実際

近隣の丘陵地を活動場所として体験学習を展開している。広大な丘陵地で一連の活動を行う。現地での作業説明、ビデオ視聴等については近隣の博物館やビジターセンター等で行う。事前の指導内容および体験活動当日のスケジュール例について示す。

＜事前指導＞

本事例では、総合的な学習の時間を活用して、一般的な環境問題と近隣丘陵地の自然についてビデオ資料による学習を実施したり、「里山」の保護の在り方について大学教員を招いた講演会を実施したりした。またその他、里山や林業に関する学習を、生物、地学、歴史などの教科において取り扱い、事前指導としていた。

＜体験学習＞

　選定した事例では、月ごとに下草刈り、竹炭づくり、孟宗竹の伐採、萌芽更新、落ち葉掃き、植生保存のための実生苗採取と畑への植え付け、枝打ち、更新伐採、ホダ木作り、椎茸等の菌種のコマ打ち等が実施されていた。体験学習が実施された1日のスケジュール例について以下に示す。

```
9:30      現地集合、全体説明
10:00     移動、作業説明
10:30     作業体験
11:30     昼食休憩
13:00     作業体験
14:30     講評、全体終了
```

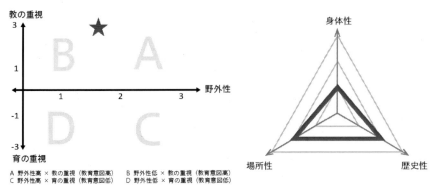

図3　事例1：A高等学校における里山保護活動

＜事後指導＞
　アンケート形式による体験学習の感想と自己評価表を用いて自己評価を行う。また、地域環境を守っていくためには一人一人が日常生活の中でどのような具体的行動を行えばよいかを重点に学習計画を立て、自然保護に対する生徒の考えを深めさせ、地域の環境保護に積極的に参加する人材の育成を図るよう努めていた。

(4) 実施体制

　選定した事例では、学校教員を中心に、地域の林業事務所、県の環境防災部、PTA等、多岐にわたる関係者が実施体制を組織していた。この学校では、学校のみの教育から脱却し、地域ぐるみでの教育を標榜している。

(5) 成果

　生徒による自己評価では、「体験学習を通して働くことの喜びを実感し、里山保護の活動から環境問題の重要性を学んだ」、「教室とは異なる学習環境の中で、級友の多様な面を発見し新たな人間関係を構築した」等が意見として挙げられていた。

　また指導者側からは、「地域の人々の実践的指導の中で地域共同体の一員としての責任と自覚をより一層強くした」、「協議会を運営する中で、共に教育活動に責任を持ち地域が一つになって生徒を育てるという意識が高まった」、「また、この会を通して学校の考え方を多方面に発信することができた」等の成果が報告されていた。

その他、高校生を対象とした里山保全活動に関しては、里山に対する生徒の関心が増し、新たな課題の発見やその後の行動に結びつく可能性が報告されている[10]。

8.2. 事例 2：B 中学校集団宿泊研修

　おそらく学校を実施主体とした集団宿泊学習、自然体験活動、野外体験活動等は、野外教育の代表的な一例となろう。

　本事例の提示に際して参考にした中学校では、学校周辺に海や山など自然が多く残っているものの、子どもたちは外で遊ぶことは少

なく、自然体験は乏しい状況が報告されていた。また、従来より、特産品の生産に関わる体験活動を教育実践に取り入れてきており、教育に関心の強い町でもあり、自然体験を重視した実践を歓迎する雰囲気が学校と地域にはある。

(1) 実施主体と指導者

先に示した事例 1 同様に、実施主体は学校組織である。したがって主な指導者は学校教員であるが、やはり事例 2 においても個別の活動に応じて現地宿泊施設の支配人兼料理長が一部指導にあたっていた。

(2) 活動のねらいと概要

このような学校における集団宿泊学習や野外体験活動では、「自然の中における集団での宿泊生活を経験することにより、集団生活のきまりの重要性を理解するとともに、自分の役割を果たす喜びと大切さを学ぶ」、「人や自然とのふれあいを深め、豊かな心を養う」等のねらいが一般的に設定されることが多い。また本事例では、「自然の中で、ゆったりとしたスケジュールで活動しながら、自分たちで工夫して生活し、自然の恵みと力を利用して『食べる』ことを体験して、たくましさを鍛える」、「満ち足りた日常生活を送ることができることに、当たりまえと思わず、感謝する心を持つことができる」など、プログラムの特性に応じたねらいも設定されていた。

実際の活動としては、学校における事前学習を経て、3 泊 4 日の宿泊学習が実施された。

＜事前指導＞

現地での体験学習の前に、学校においてガイダンス、グループワークトレーニング、班ごとの話し合いなどが事前に実施されることが多い。

＜活動プログラム＞

本事例では、活動の観点として自然体験、技術体験、食育が念頭にあり、それらに応じてプログラムが構成されていた。

(3) 実施体制

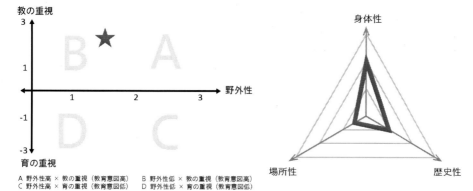

図4　事例2：B中学校集団宿泊研修

　事例では、現地において学校長、学年教諭、養護教諭、補助担任教諭合わせて7人が3日間指導にあたっていた。また、現地協力者として、宿泊施設の支配人兼料理長など4人がナタなど刃物の使い方の指導、鶏のさばき方の指導、魚のさばき方の指導、鶏ガラスープの煮込み方の指導、山菜の見分け方取り方などの指導にあたっていた。

（4）成果、課題

　事例となった宿泊学習は入学直後に開催されたために、中学生活の在り方を身につけることや、学級の仲間同士また教員との人間関係づくりにも効果があったとされる。そして、何より自分で考えて行動することの大切さを学び、また道具を使っての火おこしや鶏や魚のさばき体験、調理を通し、自然の恵みをいただいて食べて命をつなぐことに改めて感動し、感謝の気持ちを持ったようだとされていた。さらに、事例校はもともと生徒の規範意識が十分育っていないのではないかという問題意識があったが、生徒が規律を守ることの大切さを自覚する上でも大成功であったとされている。

　なお、本事例のような学校主催による集団宿泊学習、野外体験活動、自然体験活動等は、個別の教育目的やねらいに応じて、様々な成果が報告されている[11]。

8.3. 事例3：C社企業研修

　事例3および事例4では、教育的意図が明確な実践事例のうち、学校教育以外の場で展開される例を示す。

　事例3は、プロジェクトアドベンチャーの手法を用いた企業研修を例示する。プロジェクトアドベンチャーは、アウトワード・バウンド・スクールの理念や手法を学校教育現場に活用できないかと思案したアメリカの高等学校校長であったJ.ペイらを中心とするスタッフによって設立された[16]。そこでは、冒険性や挑戦性が求められる環境を設定し、人が人間として成長するための「気づき」を効果的に体験するための手法が用いられる。個人にとって冒険的、挑戦的なプロジェクトアドベンチャーの活動は現在、学校、医療施設、更生施設、スポーツチーム等の様々な場面や対象者に応用されているが、ここでは企業研修として実践される例を示す。

(1) 実施主体

　企業が主体となり、プロジェクトアドベンチャーを指導できる組織、団体、あるいは施設が受託運営するケースが多い。

(2) 活動のねらいと概要

　企業研修では、参加する社員の属性（新入社員、幹部社員、同部署間、他部署間等）に応じ、かつ各企業の理念や風土、課題や目標などによって、研修のねらいや目的が個別に設定されることが多いが、およそ共通するのはコミュニケーション、モチベーション、信頼関係、リーダーシップ等のキーワードが掲げられ、それらの獲得を目的として研修が実施される場合が多い。

　プロジェクトアドベンチャーには様々な活動、アクティビティが用意されているが、主にアイスブレーキング的な活動と、比較的低い高さに設定された施設を利用するローエレメント、また8mほどの高さに設定されたコースを利用するハイエレメントがあり、参加者は研修目的や研修の段階に応じて各活動を体験する。

(3) 活動の実際

　ここでは研修プランの例として紹介されている[16]1泊2日のスケ

ジュールを提示する。

<1日目>
 9:00   オリエンテーション　プログラムの概要説明
 10:00   アイスブレーキング
 13:00   ローエレメント
 16:00   振りかえり
<2日目>
 9:00   アイスブレーキング　ローエレメント　振りかえり
 13:00   ハイエレメント　職場への適用

(4) 実施体制
 プロジェクトアドベンチャーでの講習会を受けた指導者により、すべてのプログラムが実施される。

(5) 成果
 導入事例の成果として紹介されている 16)のは「まだチームワークのできていない段階、これからプロジェクトをスタートさせるキックオフなどに、極めて有効的だと思います」、「人とのコミュニケーションの取り方(深め方)が大変わかりやすく、実践しやすい内容だっ

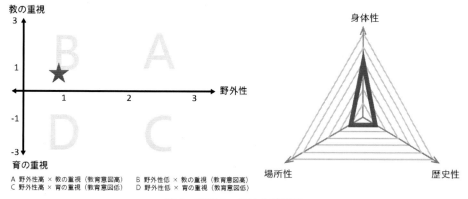

A 野外性高 × 教の重視（教育意図高）　　B 野外性低 × 教の重視（教育意図高）
C 野外性高 × 育の重視（教育意図低）　　D 野外性低 × 育の重視（教育意図低）

図5　事例3：C社企業研修

た。徐々に築かれていく人間関係（チームワーク）が目に見えて感じた。大切なのは答えをもらうことではなく、答えを見つけることなのだと改めて認識した」、「自己開示しやすく、よりストレスの少ない人間関係が作りやすいと感じた。チームビルディングに非常に有効だと思った。ビジネスパーソンの研修にはとても有効だと感じた。教えられるより、本人の気づきを促すことの方が、人の学びには大切なんだと実感できた」等の参加者の声である。

8.4. 事例4：ネイチャーゲーム

ネイチャーゲームは日本でも環境教育、野外教育の分野で非常に浸透している活動の1つである。自然への気づきを目的として、五感を使いながら自然を直接体験することができるゲーム（アクティビティ）化された直接的な自然体験活動であるといえる。

(1) 実施主体

日本シェアリングネイチャー協会が認定する有資格者が指導者となり、主に社会教育の場で環境教育や自然体験活動として実施されることが多い。また保育園や幼稚園、学校教育の場や、地域交流の場としても利用され、実施主体も様々である。

(2) 活動のねらい

日本シェアリングネイチャー協会[17]では、「直接的な自然体験を通して自分を自然の一部ととらえ、生きることのよろこびと自然から得た感動を共有することによって、自らの行動を内側から変化させ、心豊かな生活を送るという生き方」に基づくシェアリングネイチャーという考え方を示している。

(3) 活動の実際（ゲームの例）

ネイチャーゲームには、フローラーニング[17]と呼ばれる4つの段階があり、自然に関する特別な知識がなくても、自然の持つさまざまな表情を楽しめる直接的な自然体験活動が150以上とされるゲーム（アクティビティ）として実施される。

ゲームの一例として、「木の葉のカルタとり」を以下に示す。目的と

手順はすべて、文献番号 13) からの引用である。

＜目的＞
　一口に落ち葉といってもいろいろな種類があります。落ち葉で楽しく遊びながら木の葉の見分け方を覚えましょう。

＜手順＞
　周囲に落ちている木の葉や実を2枚ずつ6〜10種類集めましょう。10mの間隔をあけて2本の5mロープを張り、集めてきた葉は、それぞれ1つをリーダー用の袋に入れ、残りは2本のロープの中央部分に並べます。参加者は、同人数の2チームにわかれ、ロープに沿って向かい合って並び、右端から順に番号をつけましょう。準備ができたら、リーダーは、自分の袋から1枚の葉を取り出して皆に見せ、任意の番号を叫びます。呼ばれた番号の人は、その葉と同じものをとらなければなりません。先に取ったチームは、その葉を元に戻して2点を貰います。

（4）成果
　日本シェアリングネイチャー協会ホームページには、次のような効果が示されている。「自然や環境への理解が深まる」、「五感によるさまざまな自然体験が得られる」、「自然の美しさや面白さを発見できる」、「思いやりや生命を大切にする心が育つ感受性が高まる」また、幼児教育や保育士指導者養成からの成果に関する検討が一部

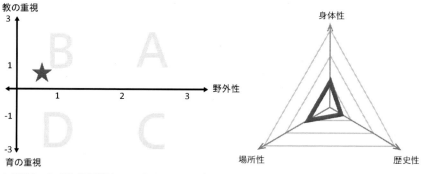

図6　事例4：ネイチャーゲーム

で報告されている [17)]

8.5. 事例5：森のようちえん

　森のようちえんは、北欧やドイツなどを発祥とし、1990年代頃から国内においても広がりを見せている活動である。しかしながら、その活動内容や実施場所、また実施主体や参加対象者が多岐にわたる上、森のようちえんという用語自体が何を指して用いられるのか、一義的な線引きが難しいという現状にある。今村[18)]はそのような状況、歴史、背景等を整理し、森のようちえんとは、年間を通して、森や野原、里山など自然豊かな場所で、0歳から10歳ぐらいの子どもを保育する活動、および、その活動を実施する幼稚園・保育所、諸団体と把握したいと述べており緩やかな定義づけが行われているにとどまる。本稿については、全ての活動に以下の内容が該当するわけではないことをことわりつつ解釈を進めたい。

（1）実施主体と指導者

　日本における森のようちえんの実施主体は、主に幼稚園、保育園、託児所、学童保育、自主保育グループ、自然学校、自然体験活動団体、青少年教育施設、育児サークル、子育てサロン・ひろば等が挙げられ、多種多様な主催者が存在している[19)]。

（2）活動のねらいと概要

　活動のねらいや目的、そして教育的意図は明確でないことが多い。森のようちえん全国ネットワーク[20)]では、"理念"として次の4つを掲げている。

　　＜森のようちえんが大切にしたいこと＞
　・自然はともだち
　・いっぱい遊ぶ
　・自然を感じる
　・自分で考える

先述した今村[18)]はさらに、活動形態や運営主体による特徴を整理した上で、森のようちえんの理念として、自由に遊びこむこと、動植物や他者と関わること、および五感を使って自然や命を感じることを挙げ、遊びを通して培われる心身の発達を願いながら、各々の環境や幼児、保護者にあわせて活動を展開していると述べている。
　これら活動の理念、活動の願いといった言葉から推察できるように、教育を主目的とする意図は高いとは言えず、どちらかと言えば養育、保育の意図がうかがえるのが特徴である。
　実際の活動としては、主に乳幼児が、教師、保育士、保護者、自然体験活動指導者らと共に、森を中心として海や川、野原や里山、都市公園等に出かけ、比較的自由な時間の中、そこで出会う生き物や自然、そして仲間や指導者たちと遊ぶことが主な活動となっている。

（3）活動の実際
　園舎を保有せず、森を中心としたフィールドに毎日出かけるスタイルの森のようちえんについて、その1日のスケジュールと活動内容の例について示す。

9:00		集合、出席確認・健康チェック等
	～	森の入り口へ移動
9:30		はじまりの会（森へのごあいさつ、うた、手遊び等）
10:00		森のおさんぽ
12:00		お弁当
13:00		森の出口へ移動
14:00		さよならの会（うた、森へのごあいさつ）
	～	集合場所へ移動、解散

（4）実施体制
　活動によって様々であるが、他の野外活動と比較して少ない子どもと多い大人から形成されることが多い。また教師や保育者、指導者

だけでなく、保護者がサポート的に加わる場合も多い。一例を挙げる。

　参加者15名（3歳〜5歳）
　指導者4名（主催者・有保育士資格者2名、保護者2名）

（5）成果

　森のようちえんに関する実証的な研究として、ヘフナー19)による論文がある。ドイツにおける森のようちえん出身者と一般の幼稚園出身者を対象に、子どもの小学校入学後の育ちについて比較調査を実施している。調査の結果、一般の幼稚園出身者よりも森のようちえん出身者の方が、多くの分野で優れた結果となったが、特に「授業中の協働」「動機付け・忍耐・集中」「社交的行動」の領域では統計的にも優位性が認められた。

　しかしながら、そもそも森のようちえんのような活動は先行研究や実証的な研究、教育効果の測定を通じて理解できるものではなく、感性的経験的に、共感と経験の分かち合いを通じて読み取れるという主張 21) もある。

　子どもたちとの活動を通して、共感と経験を分かち合っている保育者、指導者、保護者たちはどのように成果として感じているのであろうか。あるいは参加する子どもたちは、何を感じ取り、何を学んでいるのであろうか。一部では写真集や動画、またインターネットによ

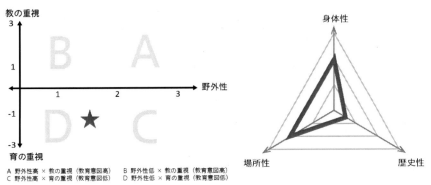

図7　事例5：森のようちえん

る発信などを通じて森のようちえんの様子が報告されている。そのような映像や、テキストとしての主観的な報告の積み重ねによって、森のようちえんの成果が今後は明らかになっていくのであろう。

　一方、森のようちえんの活動形態や理念は、子育て支援や地方の活性化、若者の就労等の分野ならびに教育とは異なる文脈において成果の報告が期待される。

8.6. 事例6：冒険遊び場（プレーパーク）

　冒険遊び場はデンマークの首都コペンハーゲンで第二次世界大戦のさなかに、廃材やガラクタを使って子どもたちが自由に遊ぶ場として始まったとされ、その後イギリス、スイス、スウェーデンなどヨーロッパ各地に広まっていった[22]。日本では1970年代に国内の草分け的な冒険遊び場が誕生し、1979年には東京都世田谷区に常設型の冒険遊び場として「羽根木プレーパーク」が開設されたのが始まりとされる。もともとは地域住民の草の根的な活動であったが、近年では行政との協働や行政主導による動きも見られる。

　特徴としては、訪れる子どもたちがやってみたいこと、遊んでみたいことを自分の責任のもとに自由にやれる場となっていることである。定型化された遊びやプログラムは存在せず、その場の自然そのもので遊んだり、工具を用いた工作やたき火、穴掘りや秘密基地づくりなど、子どもが自由に遊ぶことに大きな特徴がある。

（1）実施主体と指導者

　当初は地域住民が草の根的に始めた運動であるため、地域住民や保護者がボランティアとして関わることが多かったが、実施主体の多様化に伴うように、近年ではプレーリーダーと呼ばれる大人が配置されることが多い。また活動主体は、主に住民や保護者を始め、NPOや行政、学生グループなどがあげられる[23]。

（2）活動のねらいと概要

　日本で初めて本格的な冒険遊び場として誕生した「羽根木プレーパーク」の前身に「経堂冒険遊び場」がある。この活動にあたっては、

『都市の遊び場』を翻訳し、日本に冒険遊び場の概念を紹介した大村夫妻によるところが大きい[24]。大村夫妻は2児を育てながら都市化の進む中で子どもたちが安心して遊ぶことのできる場所がないことに不安を抱き、近隣の保護者たちと活動を展開していった。したがって自由に安心して遊ぶことのできる場所づくりが、活動のねらいやきっかけであったといえる。

今では活動方法や運営方法などは個々によって異なるものの、その理念やモットーとしては「自分の責任で自由に遊ぶ」ことが大切にされている。

実際の活動では、未就学児から小学校低学年までの子どもが主な利用者となっている。活動場所は公園が多く、一部では地権者の了解を得た私有地や里山などが利用されることもある。そこには土、水、木、草や葉っぱ、枝といった自然の素材があり、また準備されたのこぎり、金槌、ロープなどを使って子どもたちは自由に遊ぶ。ちなみに冒険遊び場で人気の遊びは、「水遊び」、「ロープ遊び」、「木工」、「料理」、「火遊び」という報告もある[25]。

(3) 実施体制

近年では、主催団体や行政に雇用されたプレーリーダーとされる大人が配置される。その他地域住民や保護者、学生などがボランティアとして関わることが多い。

(4) 成果、課題

朴ら[23]は冒険遊び場を利用する子どもたちの保護者を対象に調査を実施しているが、子どもの成長にとって、保護者は冒険遊び場を高く評価していたとしている。また同様に森賀ら[26]も保護者を対象に調査を行っているが、多様な遊びの内容そのものや、仲間が得られること、居心地の良い空間であることを評価しているとしている。このような保護者を対象とした調査は見受けられるが、利用している子どもを対象とした成果は明らかにされていない。それはもともとこの活動が、保護者の視線で自由に遊ばせたいという欲求に始まり、

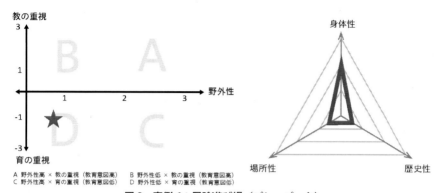

A 野外性高 × 教の重視（教育意図高）
B 野外性低 × 教の重視（教育意図高）
C 野外性高 × 育の重視（教育意図低）
D 野外性低 × 育の重視（教育意図低）

図8　事例6：冒険遊び場（プレーパーク）

それ以上の成果を求めるものではなかったことが考えられる。

現在のところ、どちらかと言えば、保護者や地域づくり、あるいは都市計画の観点による成果報告が多い傾向にあるが、今後は教育的成果の観点からアプローチが待たれる。

一方、活動の課題としては、冒険遊び場の開設頻度やプレーリーダーの常駐化、行政や地域の協力体制等が挙げられている[26]。

8.7. 事例7：地域の伝統を受け継ぐ活動

事例7は沖縄県石垣島における海垣（方言名：インカチ）の復元活動について紹介してみたい。海垣とは、沿岸浅瀬にサンゴや貝殻などが堆積してできた石灰岩の石垣を積み、満潮時に海藻などを食べに寄ってきた魚が、干潮時には沖合へ戻ることができずに垣の内側に留まり、それを網や手づかみで獲るという原始的な漁具といえる。

活動が展開された白保地区は石垣島の東海岸に位置し、南北12kmに細長く延びる人口1600人余りの集落で、世界最大級のアオサンゴ群落が広がる海に面している。サトウキビ栽培と畜産を中心としながら、自家食用の漁を海で行うという暮らしが一般的で、伝統的な祭りや神事などは海と深く関わる生活が反映されている。白保地区にはかつて、16の海垣があったとされる[27]。

一方で近代化によって人と海との関係性が薄れ、また農地改良に

よる耕土の流出などが沿岸環境を悪化させており、課題を抱えつつ現在に至っている。

(1) 実施主体

　実はかつて、白保の海岸に石垣島新空港建設の埋め立て計画があった。環境保護の立場からの反対派と、経済発展の立場からの賛成派に島が分断される時期があり、その後の紆余曲折を経て、現在では内陸部への建設が完成し新空港は供用を開始している。この埋め立て計画が明らかになる過程で、WWF（世界自然保護基金）を中心とした研究者たちが、それまで住民にはあまり認知されていなかったサンゴ礁の希少性や重要性、保全の必要性を訴え、やがて住民らに認識されていくようになる。

　このような背景の元、地域住民（公民館や婦人会など）、漁業者、農業者、畜産業者、観光業者、小中高など学校からなる「白保魚湧く海保全協議会」が2005年に設立された。その後、この協議会が取り組んだ活動の1つが海垣の復元である。

(2) 活動のねらいと概要

　協議会の活動の広義の目的としては、自然環境や生活環境の保全、またサンゴ礁の持続的利用による地域振興である。公民館を中心として白保の「憲章」が制定されることとなったが、「世界一のサンゴ礁を守り、自然に根ざした暮らしを営みます」とある。

　海垣の復元については、それが古くは1700年代から戦後まで存在していたことから、地域の伝統や暮らしの再生といった目的があり、それに付随するように地域の子どもたちにとっては、潮の干満や魚の習性を含め、白保の海の文化を体験的に学ぶことができることが期待された。

　以上をまとめると、地域の人々と海との関わりを再構築することであるといえる。

(3) 活動の実際

　復元にあたっては、地域の保護者や学校の希望もあり、子どもたちが作業に取り組んだ。砂浜に打ち上がっている大きな石灰岩をリヤ

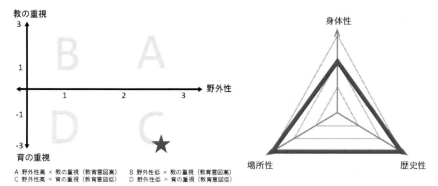

図9 事例7：E地区における地域の伝統を受け継ぐ活動

カーやボートで運び、地域住民の指導の下で石垣を積んでいった。人力による搬入と石積みが作業の中心となった。同時に、石積みの専門家である石工、協議会の会員や住民、保護者や学校教諭が参加している。

完成した海垣を利用して、子どもたちによる漁の体験や、魚の観察など、体験学習の場として活用されている。

（4）成果

復元事業を通して、地域の文化の見直しとその利活用による内発的な地域活性化に対する意識が白保では高まっているという[28]。また白保住民の間では海垣の復元を機に、サンゴ礁環境の改善気運が高まり、海洋資源の放流事業や、赤土流出防止の取り組みが始まったことが報告されている[29]。しかしながらこれらは海垣の復元を地域づくりやコミュニティの再生、また環境保全といった文脈から捉えた成果である。

8.8. 事例8：先人の知恵を聞き書く活動

事例8は、「聞き書き甲子園」を紹介する。2002年に始まった「聞き書き甲子園」は、森や海、川などにおける農林漁業あるいは関連する伝承文化の「名手や名人」と高校生とが、聞き書きによる取材を通じて出会うプロジェクトであるといえる。開始当初は国土緑化推進

機構による「もりのくに・にっぽん運動」の一環として、「森の聞き書き甲子園」として始まった。森や山に関わる分野で優れた伝統的な技を持つ名手や名人に対して、高校生が取材を行い、聞き書きの手法でレポートを残す活動であった。現在では森に限らず海や川の名手・名人も対象としている。

(1) 実施主体

現在では、農林水産省、文部科学省、環境省、公益社団法人国土緑化推進機構、公益社団法人全国漁港漁場協会、全国内水面漁業協同組合連合会、認定NPO法人共存の森ネットワークの7者からなる実行委員会が主催者となっている。

(2) 活動のねらい

「聞き書き甲子園」のホームページでは、次のように活動のねらいが示されている。

> 森、海、川といった自然、そして世代を超えた人と人とのつながりの大切さを知り、そこから人と自然が共存する持続可能な未来を築いていく。「聞き書き甲子園」を通して、高校生の皆さんが、その新たな一歩を踏み出してくれることを願っています[30]。

また林野庁のホームページでは「聞き書き甲子園」について次のように書かれている。

> 次代を担う高校生と名人との世代を超えた交流を通して、伝統技術の発掘・伝承、森づくり等に対する理解の醸成、地域活性化、青少年の健全育成が図られています[15]。

これらは特に明確な目的やねらいについて明示されているわけではないが、森や海、川などにおいて今も残る伝統技能を素材として、その継承や保存、世代間交流や森林保全への社会的啓蒙、地域産業の

活性化、そして高校生を対象とした教育的プログラムが融合したような取り組みとなっている。

(3) 活動の実際

まず、全国から応募してきた高校生100名が、聞き書きに関する事前学習研修会に参加し、取材計画を立てる。その後、現地プログラムとして実際に名手や名人に聞き書き取材を実施する。取材を終えたら録音テープを起こし、各自がレポートにまとめ、最後はフォーラムが開催され、報告書として成果が発表される。

(4) 成果

「聞き書き甲子園」については、参加した高校生を対象にその効果が分析され、社会的意義が考察されている31)。そこでは高校生が短期的には全国の高校生や名手・名人との交流や出会いの場となったこと、また農林業への知識を深める機会となっていたことが報告されている。さらに長期的には、自然環境に対する行動や変化が生まれたり、高校卒業後の進路選択にも影響を与えたりしていたことが明らかにされている。

また、「聞き書き甲子園」の様子をドキュメンタリー映像として記録した映画『森聞き』が作成され、フィンランド オウル国際青少年映画祭に招待された他、2011年に児童福祉文化賞を受賞している。

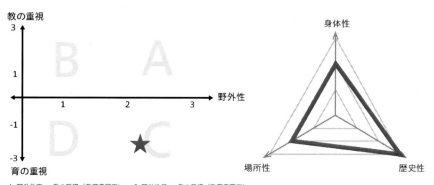

図10 事例8:先人の知恵を聞き書く活動

8.9. 事例の布置（マッピング）

　以上の事例1から事例8について、布置図における野外性および教の重視（教育的意図高）と育の重視（教育的意図低）の各座標を定位し、図上にプロットした試みについて提示する。

各事例について、教の重視（教育的意図高）と育の重視（教育的意図低）に強弱の差異がみてとれ、またX軸については野外性の要素について強弱の差異が存在すると思われた。そして各々の強弱や高低を考慮し8つの事例をそれぞれマッピングさせると、以下のような図として示すことができた。

　文部科学省をはじめとした各省庁ホームページや民間団体の活動

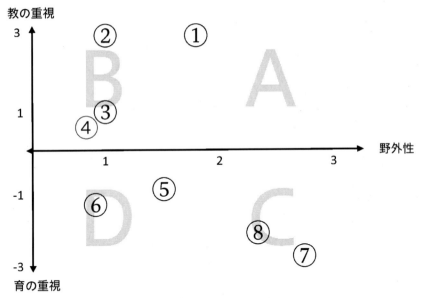

図11　事例①〜⑧の分布

を参考に仮想的事例として提示した8件の野外教育実践であったが、緩やかに地図上の4領域にマッピングすることができたが、A領域については事例1が境界上にかろうじて該当する程度となった。余談ではあるが、これから野外性の高さと教を重視した教育意図の高い教育には齟齬が生じるなど両立への何らかの矛盾の存在が推察された。

また、本研究の主目的は、野外教育に携わる指導者自身の教育実践を俯瞰的に可視化し把握するための布置図を提示することであった。したがって、それぞれの活動が地図上のどこにマッピングされるかでその優劣や良し悪しを示すものではない。しかしながら、土方[3]の「野外」概念再検討から導かれた「風土により基礎付けられた野外教育」という視点に立脚するならば、X軸上の座標をより上位に定位できるよう、各々の活動について野外（風土）性を高める等の考慮をする点は忘れずに持っている必要があろう。その際のポイントとして、野外性に関する補足図においては、身体性・空間性・歴史性の3つの要素をそれぞれ高めながら、三角形の面積が大きくなるように工夫をしていくことが肝要であろう。

9. 今後の課題

今回の研究においては8事例について仮想的にマッピングしたが、今後は実際の野外教育指導者・野外教育プログラムに広範に使用していくことで、布置図やルーブリックの妥当性を確認していく必要がある。また、マッピングした指導者が野外性を高めるために工夫・改善した事例を検討するなど野外教育実践への適用などについて検討していく必要がある。

また、野外は風土で基礎づけられており生活（日常）に根差したものである。今回のマッピングについては「プログラム」という枠組みで解釈する対象を扱ったが、プログラムという枠組みの設定が難しい事例等についてどのように扱っていくかについても考慮していく必要がある。

【注】

1) 井村仁、橘直隆(1997)：野外運動に関する研究論文データベースの作成と研究動向の分析、野外教育研究、第1巻第1号、33-44
2) 張本文昭、土方圭(2016)：「教育」および「体験」に関するレビューと野外教育における課題と展望、野外教育研究、第19巻第1号、27-40
3) 土方圭(2016)：野外教育における「野外」概念の再解釈－風土を手がかりとして－、野外教育研究、第19巻第1号、14-26
4) 土方圭(2016)：風土概念により再解釈された野外教育の原理の明文化、野外教育研究、第20巻第1号、1-11
5) 日本野外教育学会ホームページ、学会設立趣旨、http://joes.gr.jp/?page_id=784
　　（2018.10.31 現在）
6) 村越真(2001)：最新読図術、山と溪谷社、東京、120-121
7) 江橋慎四郎（編著）(1987)：野外教育の理論と実際、杏林書院、東京、43-44
8) 小森伸一(2011)：野外教育の歴史、自然体験活動研究会編、野外教育の理論と実践、杏林書院、12-22
9) 田宮憲(2014)：ルーブリックの意義とその導入・活用、帝京大学高等教育開発センターフォーラム、第7巻、125-135
10) 文部科学省ホームページ、体験活動事例集－豊かな体験活動の推進のために－、http://www.mext.go.jp/a_menu/shougai/houshi/detail/1368011.htm
　　（2018.10.31 現在）
11) 文部科学省ホームページ、民間教育事業の振興、教育関係NPO活動事例集、http://www.mext.go.jp/a_menu/ikusei/npo/index.htm、（2018.10.31 現在）
12) 総務省ホームページ、地域の元気創造プラットフォーム公式サイト、過去の活動事例　http://www.chiikinogennki.soumu.go.jp/jirei/index.html
　　（2018.10.31 現在）
13) 林野庁ホームページ、国民参加の森林づくり
　　http://www.rinya.maff.go.jp/j/kouhou/bunyabetsu/index.html 、
　　（2018.10.31 現在）
14) 農林水産省ホームページ、農村振興、「立ち上がる農山漁村」選定事例、http://www.maff.go.jp/j/nousin/soutyo/tatiagaru/t_jirei/index.html 、

（2018.10.31 現在）

15) 林野庁ホームページ、聞き書き甲子園、
   http://www.rinya.maff.go.jp/j/sin_riyou/kikigaki/ （2018.10.31 現在）

16) プロジェクトアドベンチャーホームページ
   http://www.pajapan.com/ （2018.10.31 現在）

17) 日本シェアリングネイチャー協会ホームページ、
   http://www.naturegame.or.jp/index.html （2018.10.31 現在）

18) 今村光章、水谷亜由美（2011）：森のようちえんの理念の紹介-ドイツと日本における発展とその理念を手がかりに-、環境教育、第21巻第1号、68-75

19) ペーター・ヘフナー（2009）：ドイツの自然・森の幼稚園-就学前教育における正規の幼稚園の代替物-、公人社、東京、73-142

20) 森のようちえん全国フォーラムホームページ、森のようちえんとは、
   http://morinoyouchien.org/about-morinoyouchien （2018.10.31 現在）

21) 今村光章（2011）：森のようちえんとは何か-用語「森のようちえん」の検討と日本への紹介をめぐって-、環境教育、第21巻第1号、59-67

22) 梶木典子（2007）：地域における子どもの遊び場づくり-冒険遊び場づくりの可能性-、都市住宅学、第56巻、17-21

23) 朴恵恩、野中勝利（2008）：冒険遊び場における運営形態と保護者による評価との関係に関する研究、ランドスケープ研究、第71巻第5号、629-634

24) 特定非営利活動法人日本冒険遊び場づくり協会ホームページ、設立趣旨、
   http://bouken-asobiba.org/about/effect.html （2018.10.31 現在）

25) 梶木典子・渡瀬章子・田中智子・森賀文月（2002）：冒険遊び場の活動実態とプレイリーダーの役割に関する研究-冒険遊び場運営団体を対象とした調査結果-、日本建築学会計画系論文集560：237-244

26) 森賀文月、瀬渡章子、梶木典子（2002）：関西の住民主導型冒険遊び場における子どもの利用実態と保護者の評価、ランドスケープ研究第65巻第5号、747-752

27) 白保魚湧く海保全協議会ホームページ、海の記憶、復元、
   http://sa-bu.natsupana.com/kachi/kachi2/ （2018.10.31 現在）

28) 上村真仁（2007）：石垣島白保「垣」再生-住民主体のサンゴ礁保全に向けて-、

　　　　地域研究、第 3 巻、175-188
29) 上村真仁（2011）:「里海」をキーワードとした生物多様性保全の可能性-世界海垣サミット in 白保を通して-、地域研究 8、17-28
30) 聞き書き甲子園ホームページ、聞き書き甲子園とは、
　　　　https://www.foxfire-japan.com/about.html、(2018.10.31 現在)
31) 安藤愛、興梠克久（2014）:森林環境教育としての「聞き書き甲子園」の社会的意義とその効果、日本森林学会誌、第 96 巻第 3 号、123-131

第6章　ノルウェーのフリルフツリーブにみる「野外」「教育」「体験」

　第6章ではノルウェーにおけるフリルフツリーブ（Friluftsliv、以降フリルフツリーブ）[1]の概要を紹介し、野外教育との共通点あるいは相違点を探ることで、日本における野外教育のあり方について示唆を得たい。フリルフツリーブを理解するためには、ノルウェーの文化や成り立ちなどの背景を知る必要がある。日本においてはノルウェーに関する情報が非常に少ないことから、①まずこの国についての基礎的な知識をたどり、②次にフリルフツリーブとは何か解説し、最後に、③その教育的な活用の現状について述べていく。

1. はじめに

　2004年11月、ノルウェー体育大学のベェルゲ・ダーレ氏が、特定非営利活動法人 ECOPLUS の招きで来日し講演会が開かれた。その時の報告書から、フリルフツリーブの例を引用すれば以下のようであった。

　　　日曜日の朝、みんなで一緒に朝食を取っています。家族全員がまもなく森や山に出かけることを知っています。魔法びんには、大人用にコーヒーや紅茶、子ども用にはココアがたっぷりと入っています。その日の気温に適した上着や装備を準備し、バック

パックに予備の服を入れます。やがて、大した話し合いや計画もせずに、散歩やクロスカントリースキーに出かけます。近所や知り合いの人に会っては立ち止まり、おしゃべりをします。自然のいろんな様子や文化に関係する光景を見つけては、話をします。服を脱いだり着たりしながら、先に進みます。それから最も大切な時間がやって来ます。魔法びんを取り出して、ご飯の時間です。たき火をしたり、話をしたり将来の夢を語ったりします。今度は家に向かっての帰りです。体も少し暖かくなり、汗も少しかきます。帰宅してシャワーを浴びみんなで夕食を取り、そしてソファやじゅうたんの上でくつろぐというのは本当に最高です [2]。

　そしてノルウェー人の約80%がこのフリルフツリーブを行っているという [3]。いたって落ち着いた日常的な活動である。学生の頃から組織キャンプを中心に活動していた自分にとって野外活動とは非日常の出来事であった。それに比べ、このフリルフツリーブの日常性に関心を持った。
　日本の野外教育は強くアメリカの影響を受けており、自然の中での活動は「アウトドア」という言葉で語られることが多い。本書のテーマである野外教育はアウトドアエデュケーションである。この「アウトドア」という言葉にどうも違和感がある。アウトドアとは部屋、教室または家の外という意味で、教育におけるアウトドアとは教室の外を意味している。この外での活動を通して起こる様々な学習が効果的とされる。この意味でも日常と対比して非日常の経験の中での学びを狙っていると考えられる。
　アウトドア(=野外)のフィールドとはどこか。本書でも語られてきているが、おおよそアウトドアとは自然環境をイメージされるだろう。では、果たして自然環境=非日常でよかろうか。これが違和感のポイントである。日本には古くから自然とともに生きてきた数え切れないほどの無形の文化（あるいは暗黙知、生活の知恵など）があるのではないか。それは「アウトドア」という言葉で語られるべきもの

ではなかったはずである。そして、日本の自然をアウトドアと呼ぶことで、文化の伝承を途絶えさえてしまったのではないか。そうした意味で非日常ではない野外活動としてあるというフリルフツリーブに可能性を感じたのである。

2．ノルウェー王国について

　ノルウェーは北ヨーロッパのスカンジナビア半島西岸に位置している。
「北欧」と呼ばれる国の分類はいくつかあるが、ノルウェー、デンマーク、スウェーデン、フィンランド、アイスランドを指すことが多

図8　ヨーロッパ各国の位置

い。このうちノルウェー、デンマーク、スウェーデンの3国がスカンジナビアと呼ばれる。言語や文化、そして歴史的な繋がりでもスカンジナビアの3国は共通点や類似点が多い。多少の違いがあるがこの3国ではフリルフツリーブという言葉が使われる。日本では北欧の国といえばフィンランドが最も知られているかもしれない。フィンランドはスカンジナビアの国と気候や環境の上で類似点があるものの言語はまったく異なっている。

　ノルウェー北部のフィンマルク地方にはビッダと呼ばれる高層高原が広がっている。見渡す限りの平原であるが、夏場には先住民族であるサーミの飼育するトナカイが放牧されており、歩いてみると自然と人との繋がりが感じられる。サーミはこの土地がノルウェーと呼ばれる前から、この土地の自然とともに暮らしており、その風土はノルウェーのフリルフツリーブに大きく影響している。スウェーデン、フィンランド、ロシアが陸続きになっており、サーミの人々はそれぞれの国を越えて繋がりを持って暮らしている[5]。また、先住民族としての繋がりから日本のアイヌとも交流があり、通底するものがあるように感じる。このような状況を考慮すれば、南北に広がる日本において野外教育の場となる自然環境（風土）を単一に論じることには慎重であるべきだと考える。

　ノルウェーの国土は約38万6千km^2（日本は約37万8千km^2）であり、外洋に面した細長い地形で沿岸部から内陸に向かっていくつものフィヨルドが入り込んだ特徴的な地形を形作っている。急峻な山岳地帯に雪も多く「ノルウェー人はスキーを履いて生まれてくる」といわれるほどスキーが盛んである。ただしここでのスキーといえばまずは歩くスキーがイメージされる。もちろんアルペンスキーやスノーボードなどの他の冬季スポーツも盛んに行われている。

　人口は約520万人（人口密度は約17人/km^2）で、日本の人口の約1億2千680万人（人口密度は約335人/km^2）と比べかなり少ない。この点は自然環境の中での活動に対する考え方に大きく影響する。フリルフツリーブを語る上で重要であり、日本の状況との最も大きな

写真 1　フィンマルクの高層高原に放牧されているトナカイ

違いである。

　ノルウェーは高緯度に位置している[6]が、暖流の影響で比較的温暖である。1万2千年前から人が暮らし、古くから文化が根付いていたことが岩絵や出土品などからわかっている。その後、9世紀から11世紀はノルマン人によるヴァイキングの時代、内戦の時代を経て国が形成されていった。1387年からはデンマークの配下に、1814年にスウェーデン王国との同君連合という形になり、1905年になり一国として独立を果たした。

3. フリルフツリーブ（Friluftsliv）とは

　フリルフツリーブを翻訳するならば野外活動、野外レクリエーションあるいは自然体験活動ということになるだろう。実際の活動内容をみると気候、地形、景観の違い、あるいは北極圏という地理的条件など、独特の活動ももちろんあるが、日本で行われている野外活動と比較して想像を超えるようなものではない。個人的な見方も含まれるが、日本人が古くから行ってきた自然との接し方や自然の中での働き方、そして「野遊び」と呼ばれるような遊び方が、ノルウェーのフリルフツリーブと似ているために違和感がないのかもしれない。

ノルウェーにおけるフリルフツリーブが、太古の昔から自然環境や暮らしの中で育まれてきた歴史的背景の延長線上にあることはもちろんだが、言葉や概念として確立し発展したのは19世紀後半から150年ほど前からである。

3.1. フリルフツリーブの定義
フリルフツリーブの定義としては1986年に環境局によって示された定義が一般的に使われている。

> 周囲の変化を経験し、自然と出会うことを目的として、余暇時間に、自然の中で過ごしたり、身体を動かしたりする活動 [7]

この章の冒頭で紹介した例のようなフリルフツリーブは「伝統的な」あるいは「古典的な」フリルフツリーブといわれ、フリルフツリーブの典型的な要素を反映している。他の活動事例としては、狩り、釣り、ベリー摘み、きのこ狩りなどの「狩猟採集活動」や現代的にはスキー、サイクリング、クライミングといった「アウトドアアクティビティ」もフリルフツリーブの例にあげられる。活動の多様性や境界の曖昧さはフリルフツリーブの特徴でもある。ここで指摘しておきたいのは、フリルフツリーブは教育ではないということだ。結果として教育効果が期待されるとしても、元は余暇活動、レジャー、レクリエーションとして、それ自体を楽しむために行われる。本書で扱われている言葉を使えば「無意図的」である。

活動は多岐に渡るものの、一定の原則は示されている。ホフマンらはフリルフツリーブの原則を次のように示している [8]。

・自然を体験する
・機械的な輸送手段を使用しない
・自然を全体的に、すべて人の感覚によって経験する
・同じ活動をしている人との競争はしない

・自然と調和して生きる、すなわち自然に害を及ぼさない

　上記のような活動の原則が示される背景には、フリルフツリーブが発展してきた経緯があり、自然との関わりが重要視されている。したがって自然体験活動と呼ぶ方が合っているかもしれない。

　実際の活動を見た経験やノルウェー人の友人の話から考えると、身体活動を伴っていることがフリルフツリーブであるとイメージされるようであり、工作、音楽会、芸術活動などはあてはまらないと感じる人もいるようである。これはフリルフツリーブが体育の中で扱われてきたという経緯にも関係するであろう。

3.2. 自然享受権と野外活動法

　ノルウェー（あるいはヨーロッパ）には古くから慣習法として自然享受権（Allemansretten）[9]がある。自然享受権はスカンジナビア特有の慣習法ではなく、ヨーロッパではいくつかの国に存在する。呼称や運用内容については各国によって異なっているものの、その考え方は「自然がすべての人間にとって不可欠な資源であったという原則から生まれ」「すべての人々が自然環境への無条件のアクセスおよび使用を許可されるべきである」とする権利であるといえる。

　ノルウェーの自然享受権の内容は、「通過する権利」、「自然の中で滞在する（宿泊する）権利」、および「収穫する権利」の3つが含まれている。また、これらの権利は、土地所有者、利用者、そしてフリルフツリーブ活動に従事している人に対して権利だけでなく義務（主に環境問題に関わる）も含んでいる。

　ノルウェーの自然享受権はこれ自体を法律で定めているわけではなく、自然環境への関わり方についての諸々の法律を総称した権利という概念である。しかしながらその多くは1957年に施行された野外活動法（Friluftsloven）によって規定されている。

　この法律の中では以下のような内容で、誰もが自然の環境の中で自由に活動できることが保障されている。

・郊外で、徒歩またはスキーで自由に移動すること
・カヌー、カヤック、手漕ぎボートで湖や川に行くこと
・野営地を設置して野外で夜を過ごすこと
・郊外で自転車や馬に乗ること（ただし道路やハイキングコースのみ）
・海水と内陸水域で泳ぐこと

　野外活動法ではさらに詳細にルールが示されている。例えば、野営に関しては「土地所有者または使用者の許可なしに、耕作地でピクニックまたは一晩過ごすことは許可されていない。耕作されていない土地では、居住する家や小屋から 150 メートルの距離に保たれていれば、48 時間のキャンプが可能」となっている。
　このような法的な保障があることでフリルフツリーブが公に展開できるのである [10]。

3.3. 初期のフリルフツリーブ

　ノルウェーにおいて最初に「Friluftsliv」という言葉（単語）が使われたのは、1859 年に書かれたヘンリク・イプセンの詩 'On the Heights' (Paa Vidderne) であるとされている。言葉として使われ始めたのはそれほど古い歴史があるわけではない。しかし、それ以前にフリルフツリーブ的な活動がなかったわけではない。当然ながら生活のための自然との関わり（ネイチャーライフ）としての狩り、漁、採集といった活動が存在した。そこへ 19 世紀に入って、ヨーロッパにおけるロマン主義の広がりから観光やレジャーとしてノルウェーの農村や自然環境を訪れる者が増え、画家や作家が自然やそこでの生活をモチーフに作品を発表し、自然環境や郊外での生活に対する評価が高まったのだという。
　ノルウェーはフィヨルドで分断され、なおかつ急峻な地形が多く人の住みやすい場所は限られていた。住むためには厳しく貧しい国

であった。自然環境に対する価値観の変化は好意的に受け入れられ浸透していった。

　さらに1905年にノルウェーはスウェーデンとの同君連合から独立を宣言し、国家としてのアイデンティティを探求する機運が生じていた。こうした状況が相まってノルウェーにおいて美しい自然環境こそが国民のアイデンティティであると認識されるに至った。フリルフツリーブは、この国民的アイデンティティを確認するための習慣としても認識されるようになった。

3.4. フリルフツリーブを支える団体組織

　1868年には早くもノルウェートレッキング協会（DNT：Den Norske Turistforening）[11]が発足しフリルフツリーブの普及に貢献した。2018年には150周年を迎えている。DNTは30万人以上の会員を擁す

写真 2　整備された DNT のマークと標識看板

るノルウェー最大のフリルフツリーブ団体である。全国の 57 会員協会で構成され、国内のトレイル 22 万 km に道標（主に赤い T マークや緑の地名看板）を整備し [12]、500 カ所以上の山小屋の管理も行っている [13]。また、全国を網羅したトレッキングマップの販売も行っている。ノルウェーで山歩きをすればほとんどの登山道で「赤い T マーク」と「緑の看板」を確認することができる。自然にアクセスするための環境整備は普及のための欠かせないポイントである。これらの運営が多くのボランティアによってなされていることは、ノルウェーに浸透しているボランティアの精神を反映したことでもあるが、一方でフリルフツリーブが広く普及していることの証しである。

DNT 以外にも多くのフリルフツリーブ関連団体があり、お互いに連携しながらフリルフツリーブをサポートしている。例えば「ノルウェー・フリルフツリーブ（Norsk Friluftsliv：組織名）」は、DNT を筆頭に狩猟・漁協会、スキー協会、カヌー協会など 16 団体の合同組織で 94 万人以上の会員となる。活動エリアの自然環境保護の点でも協力が重要であるとされている [14]。

3.5. 探検・冒険の時代

19 世紀後半から 20 世紀初頭は探検の時代であった。ノルウェーにおいても極地探検が行われ、フリチョフ・ナンセン、ロアール・アムンセンという探検家が知られている。

ナンセンは 1888 年グリーンランド氷原のスキーによる横断、1893 年フラム号による北極点遠征（未到達）を行った。アムンセンは南極点初到達を成し遂げている。彼らの活動がフリルフツリーブに及ぼした影響は大きい。特にナンセンは科学者、政治家という経歴を持ち、公の場での発言が多く残されている。フリルフツリーブを性格形成に欠かせないものであると考えており、教育的な視点でみていた。ホフマンらはナンセンを以下のように評している。

　　ナンセンは自然生活の静けさ、美しさ、そして独自性について

も深い印象を述べていますが、彼にとってのフリルフツリーブは、今日の「エクストリーム・フリルフツリーブ」や「アドベンチャー・フリルフツリーブ」の先駆けとなる、真の「冒険の精神」です[15]。

この頃、世界の国々が極地への初到達を目指していた。日本人では白瀬矗が南極点を目指したが半ばで断念している。その時代にアジアから南極を目指すことはかなりの挑戦であり、白瀬は国からの支援が得られず資金集めにたいへん苦労した。また、帰国後にその挑戦を賞賛されることはなくひっそりと暮らしたという[16]。ナンセン、アムンセンらノルウェーの探検家は、国の英雄としてたたえられるほど国や国民の支援を受けており、冒険あるいはリスクを冒してチャレンジすることに対する考え方が大きく異なる。

3.6. 哲学者アルネ・ネスとディープ・エコロジーの周辺

フリルフツリーブの思想的、理論的な背景に哲学的裏付けがあることも重要である。

アルネ・ネス（Arne Næss）は、世界的に知られる哲学者で、地球規模の環境危機の要因として人間中心的な世界観を否定し、「生命圏平等主義」によるディープ・エコロジーという環境思想を提唱した。ネスは登山家でもあり、自らのフリルフツリーブがディープ・エコロジー思想の原郷であると述べている[17]。

さらにネスを始めとするディープ・エコロジーの哲学者らは、フリルフツリーブの研究者、実践者らとともに、ダム建設に反対する自然保護活動に自ら体を張って取り組み、フリルフツリーブと環境思想の繋がりを一層強めた。

野外教育、冒険教育、体験教育などと比較した場合、これらの教育では自然環境を単に教育の場として利用することも含んでいるのに対して、フリルフツリーブでは自然は主に生物圏と生活空間と考えるという点が指摘されている[18]。ノルウェーにおけるフリルフツリ

ーブは自然との調和を優先事項にしているのはネスのディープ・エコロジーを代表とした哲学、環境思想の裏付けがあってのものなのである。これらについて北欧哲学の研究者である尾崎[19]が詳細にまとめている。筆者の知るところではフリルフツリーブについて日本語で書かれた極めてまれな（あるいは唯一の）専門書籍である。

4. 教育としてのフリルフツリーブ

　以上のように、フリルフツリーブの背景を知ることでフリルフツリーブがどのような活動であり、その原則とされるポイントが示される理由が理解できる。実際にはフリルフツリーブが生じた経緯や実践者の立場、価値観、目的などによりノルウェー内でも多くの見解があるが、フリルフツリーブはこのようにあるべきだという、思想あるいは理念の元に行われている活動がノルウェーのフリルフツリーブであるといえよう。

　ただし、敢えて書き添えるならこのような目的の方向づけや活動の選択は、伝統的フリルフツリーブとその理念を支持する立場からは反論があがるかもしれない。自然の中で、もっといえば<u>人が自然自体になり、自由に楽しむこと</u>は、フリルフツリーブの本質的な価値である。教育を目的としてフリルフツリーブを扱うことがいわば逆方向のベクトルに向かうとも考えられるのである。このことは本書で扱われている二次元マッピングにおける「教育意図高」⇔「教育意図低」という軸の意味に相当する[20]。「意図的フリルフツリーブ」⇔「無意図的フリルフツリーブ」という対立軸と考えてみることができるかもしれない。

　そもそもフリルフツリーブは教育ではないが、今日では教育のために行う「フリルフツ教育」や「フリルフツリーブによる教育」という言葉も使われており、活動の結果生じる教育的な意味、効果についてはよく認められている。これは日本における状況と同様に、社会状況の変化によるものだといわれている[21]。以前は普段の生活や遊びの中で家庭や友人達とともに身につけていた習慣が、社会や自然環

境の変化とともに失われ、それを補うように教育として扱われるようになった。

以下ではノルウェーの教育制度に触れつつ、フリルフツリーブが扱われている状況について述べる。ここではフリルフツリーブに関連した内容のみを扱っているが、ノルウェーの野外活動全般における現場では、イギリス、アメリカなどの諸外国で実践、研究されてきたアウトドアエデュケーション、アドベンチャーエデュケーション、リーダーシップなどの考え方も導入され混在している。

4.1. 幼児教育

ノルウェーでは1歳から5歳の子どもが幼稚園（Barnehage）に通い、統計局[22]のデータによれば91.3%（2018年4月時点）が幼稚園に通っている。日本では保育所（園）と幼稚園の区別があり、幼稚園の対象年齢が3歳以上なので、3歳以上で幼稚園または保育園に通っている子どもは95%以上になる。しかし、保育園に通う0歳から2歳までの低年齢の子どもは30%程度と低い[23]。ノルウェーでは両親ともに働く家庭が一般的であり、幼稚園事情はたいへん充実している。

日本では「森のようちえん」として、幼児期の自然保育が広まりつつある。ノルウェーでも保育においてフリルフツリーブは活用されている。中にはフリルフツ幼稚園あるいは自然幼稚園という名称でフリルフツリーブによる教育を中心に展開している幼稚園もある。通常の幼稚園であっても自然（園庭での外遊びも含め）を活用した保育は特別なことではなく、どの幼稚園でも通常の保育内容として扱われ、かつ重視されている。

実際、筆者が滞在した北極圏の街アルタでは日の昇らない極夜の日でも真っ暗の中、かつマイナス20度という寒さの中でも子ども達は上下つなぎの防寒着を着て通園し元気に遊んでいる。ノルウェー人が野外で活動するときによく使うことわざで「悪い天気はない、悪い服装があるだけ」というのがある。子ども達の様子を見れば、このことわざの意味がよくわかる。

4.2. 基礎教育(Grunnskole)

　ノルウェーで義務教育にあたる基礎教育は、6歳から15歳まで10年間で小学校(Barneskole)が7年間、中学校(Ungdomsskole)が3年間である。その後は高校(Videregående Skole)が3年間となっている。

　すでに1922年と1925年のシラバスから「自然への遠足」というような記述がみられ、1939年にはフリルフツリーブという文言が記載され学校教育の中に取り入れられていることがわかる。また、1974年には体育のカリキュラムの科目内容として扱われている[24]。

　日本の学校教育法第31条に「自然体験活動を促進」することが明記されている。小・中学校学習指導要領では、「野外教育」という文言は含まれていないが、理科における内容の取り扱いの中で、「生物，天気，川，土地などの指導に当たっては，野外に出掛け地域の自然に親しむ活動や体験的な活動を多く取り入れる」といった文言が記述されている。体育科にはほぼ含まれていない[25]。また、特別活動の学校行事として遠足・集団宿泊的行事が記されており、名称は様々だが、登山や林間学校などが実施されてきた。

　日本では野外教育(野外活動、自然体験活動、アウトドアレクリエ

表1　ノルウェーの体育教科におけるフリルフツリーブの扱い
（ノルウェー教育局Webサイトより日本語に翻訳して引用）

学年	日本での対応学年	主要な内容		
1年〜4年	小学校低学年	多様な環境での活動		
5年〜7年	小学校高学年	スポーツ活動	フリルフツリーブ	
8年〜10年	中学校	スポーツ活動	フリルフツリーブ	トレーニングとライフスタイル
Vg1年〜Vg3年	高校	スポーツ活動	フリルフツリーブ	トレーニングとライフスタイル

＊Vg: Videregående Skole

ーションなど）は指導内容（科目）としては扱かわれていないが、指導方法・手段としては推奨され活用されている。

4.3. 大学

　およそ 19 歳以降の教育の選択肢は、大学、単科大学（職業大学）、フォルケホイスコーレ（国民大学）等 [26] がある。これらの学校ではフリルフツリーブを学科あるいはコースとして設置している例は多い。

　著者が在籍したトロムソ大学アルタキャンパスには「北極圏フリルフツリーブ＆ネイチャーガイディング」の学士コースが設置されていた。3 年間のコースで北極圏でこそ行えるような多くの実習を受けるカリキュラムになっていた。2 年目は北緯 80 度のスバールバル諸島で授業を受けることになっている。インストラクターやガイド、関連団体などの職業が主な進路になる。大学の学費は無料で、すでに他の大学を卒業している学生や仕事を経験してから入学してくる学生も多く、日本の大学より年齢層は高い。

　もちろん教員（幼稚園を含む）養成コースや留学生対象のコースでも、フリルフツリーブに関連する科目は開講されている。

4.4. フォルケホイスコーレ（Folkehøgskole）

　スカンジナビアの国々に共通でデンマークが発祥のフォルケホイスコーレという学校がある。ノルウェーには 82 校（2019 年 2 月時点）が開校されており、ごく一般的に広まっている。成績、カリキュラム、卒業による資格認定はなく、それぞれの学校でバラエティに富んだユニークなコースを設置している。この学校は年齢に関わらず様々な学生が入学できるが、高校卒業後に数ヶ月から 1 年のコースに参加する場合が多いようだ。

　ここで特筆すべきは多くの学校でフリルフツリーブのコースを展開しており体験的なカリキュラムがたいへん充実していることだ。北極圏にあるアルタのフォルケホイスコーレでは、狩り、犬ぞり、トナカイの飼育、スキーなど北極圏でのフリルフツリーブを行ってい

写真 3　昔ながらの帆船についての実習風景

る[27]。

4.5. キャンプ

　日本でいう子ども達を対象にした短期のキャンプ（Leir）も古くから存在する。学校が休みの数日間に親元を離れて行われるキャンプである。これはデンマークやイギリスの影響で広まったスタイルで1930年代から始まり現在でも実施されている[28]。

　一方、キャンピング（Camping）とは主に家族で行くオートキャンプを意味し、これも盛んに行われている。子どもの夏休みが2ヶ月程度にわたってあるのは日本も同じだが、大人も同じ程度に休みをとる。そしてキャンピングカーまたはキャンピングトレーラーを引いて出かける。その時期には街で人を見かけなくなるほどだ。ただし著

写真 4　夏休みのオートキャンプ場

者が夏にキャンプ場を利用した際は、他のヨーロッパの国々から旅に来ている人をたくさん見かけた。長期の休みだけでなく、土日も含めて休みの時には家族で過ごす人が多いのはヨーロッパ諸国で同じようだ。ノルウェーでは余暇時間にヒッテと呼ばれる個人の小屋に行き家族で過ごすことも多い。こうした余暇時間の過ごし方の中にフリルフツリーブがある。

　余暇時間の長さは明らかに日本と異なっている。すでに言い古されていることだが、日本では勤務時間が長く、また子ども達については習い事や試験勉強に費やす時間が多いことがその原因であろう。生活時間の使い方は野外活動を行う際の大きな要因となっている。

4.6. ツーリズムとネイチャーガイド

　近年、ノルウェーでは外国人観光者が増加している。ビジネスチャ

ンスという面もあるが、ゴミ、マナー、安全面、そして自然環境への負荷など多くの問題も同時に起きている。そこでよりよくノルウェーの自然や文化を伝えるという意味でネイチャーガイドの必要性が高まっている。

　ガイドには単に観光者を望み通りの場所へ連れて行くというような道案内の仕事だけではなく、一種のファシリテーターとしての機能がある。特にノルウェーの雄大な自然環境におけるツーリズムには、アドベンチャーの要素が多分に含まれている。そこにはリスクを管理するという役割も不可欠であるが、アドベンチャーラーニングとしての野外教育場面が生じるのである。

　19世紀にノルウェーでフリルフツリーブが広まった要因の一つに自然を求めての旅行（いわばネイチャーツーリズム）の流行がある。多くの旅行者がノルウェーの素晴らしい自然環境に心を打たれ、一つの価値観が形作られた。言い換えれば無意図的な経験の積み重ね

写真5　リスクの高い観光地

で世界は変わっていくのである。ツーリズムには結果の読めない不確実性や功罪併せ持つ諸刃の剣のような性質があるかもしれないが、自然と人間の関係を変革するチャンスになる可能性はある。緊迫した環境危機に突入し先の見えない大きな課題を抱えている現代は、ロマン主義の時代と同じようにはいかないであろうが、訪れた人々をどのように導くか、これからの価値観を方向づけるガイドの役割は小さくないように思う。

5. まとめ

本章では、①ノルウェーという国の基礎的な知識をたどり、②フリルフツリーブとは何かを解説し、③教育的な活用の現状について、日本の野外教育と比較しながら述べてきた。

本書の主題のように野外教育の定義は曖昧である。同様にフリルフツリーブの定義にも曖昧さがあり、一概に結論を述べることはできないことを断った上で、両者の相違点を列挙する。

1) フリルフツリーブでは活動の場である自然環境を生物圏と生活空間としてとらえる。一方、野外教育では自然環境を単に教育の場として利用することも含んでいる。
2) フリルフツリーブは身体的な活動を中心とする。野外教育には工作、音楽、芸術活動などの文化的静的活動、あるいは労働としての農業、漁業などの体験も含まれる。
3) フリルフツリーブは国民の権利として法律で保障されている。野外教育は法的に保障されてはいない。
4) フリルフツリーブは国民のアイデンティティとなっており、生活に深く浸透している。したがって、ノルウェーでは自然に対する価値観が高い。日本においても潜在的には自然の価値が高いと感じられるが、アイデンティティと言い切るほど明言されてはいない。
5) フリルフツリーブは環境哲学（ディープ・エコロジー）と深い

繋がりがある。野外教育においては人文社会学的な検証が少ない。
6) フリルフツリーブはもともと教育ではない。家庭における余暇の過ごし方として行われてきた習慣であった。野外教育の第一義はその名の通り教育である。
7) フリルフツリーブは教育的効果が期待され、幼児から成人まですべての世代における教育制度に広く活用されている。野外教育は公教育制度の中での指導内容（科目）としては扱われていない。
8) ノルウェーでフリルフツリーブが行われる背景には人口が少なく、人口密度が低いという条件がある。日本において同様な形で野外活動を展開することは難しい。
9) フリルフツリーブが展開される背景として、生活時間の使い方に違いがある。ノルウェー人は余暇時間についての価値観が高く、それに費やす時間が日本人に比べ圧倒的に多い。

　以上のようにノルウェーと日本では、多くの違いがみられる。これらの違いはフリルフツリーブ対野外教育、ノルウェー対日本というように、総体としてみた客観的な比較である。この比較について特筆すべきは、ノルウェーにおける人間と自然の近さ、自然環境における活動が「日常」的に存在していることであろう。野外教育においても参考にし、検討していくポイントになるだろう。
　最後に先の客観的な比較とは別に、著者である「私」が、現在暮らしているノルウェーでの体験を通して個人として感じたことを語ってみたいと思う。それにより、フリルフツリーブと野外教育の共通点を主観的に探りこの章を終えたい。
　まず、この辺境の地アルタにおいてもフリルフツリーブの認知度はかなり高い。私の発音が違っていて通じないことも多いがノルウェー人ならば子どもから老人までほとんどの人が知っている、ごくなじみのある言葉となっている。そしておそらくそのイメージをポ

ジティブなこととして共有している。

　ある日、私はノルウェー語を習うために行った教会でトールさんと出会った。定年退職者なので私よりはかなり年上である。私がほとんど理解できていないノルウェー語で「フリルフツリーブを調べている」と話すと、彼は「釣りに行かないか」と言った。そのわずか2日後に私達は山奥の湖にテントを張ってマスを釣っていた。心に残るフリルフツリーブのエピソードだ。

　「野外」「教育」「体験」というキーワードでこの出来事を分析してみると以下のような思いが浮かんだ。

- お互いに自然（野外）を媒介にしているという信頼感
  　自然が誰にとっても共通であることを信じていた
- 何か良いことが起きるはずだという（教育的）期待感
  　無意図的で漠然としているが結果に前向きであった
- 実際の行動（体験）に移して物事が完了する現実感
  　体験することの価値を知っていた

　ノルウェー人であるトールさんも日本人である私も、それぞれにフリルフツリーブと野外教育の実践者であり、こうした感じ方はその中で身につけてきた共通点なのではないだろうか。こうした偶然とも思えるような出会い（セレンディピティ）はこのノルウェーでたびたび起こり、そしてそれは偶然ではなくフリルフツリーブのかなり核心を突いているのではないかと思っている。そして野外教育においても起こりうる結果の一つである。

　本章冒頭のダーレ氏が日本に来た翌年2005年、著者は一人ノルウェーを訪れていた。講演を聴いただけの私の申し入れを受け入れてくれ「家に来い」という。それは首都オスロから夜行電車で5、6時間のオップダルという村。まだ暗い明け方の駅でダーレ氏は待ってくれていた。私は初めてノルウェーを体験し、それが私の探求の出発点になった。私のベースは野外教育でできていて、当然彼のベースは

フリルフツリーブでできているのだろう。私達はどこかに共通点があると考えている。

【注】

1) Friluftslivを分かち書きするとfri(free 自由)-lufts(air 空気)-liv(life 生活)となる。ノルウェー語ではいくつかの単語が繋がって一つの単語になっていることがよくある。英語でいえば'Free Air Life'または'Open Air Life'の意味であると説明される。英訳としてはOutdoor Recreation、Outdoor Life、**Outdoor Pursuits**などがあてられていることが多いが、必ずしも同一ではないだろう。

2) 特定非営利活動法人 ECOPLUS（2005）：連続講演会「世界の環境と教育」第5回（ベェルゲ・ダーレさん）報告書、特定非営利活動法人 ECOPLUS

3) ノルウェーでは毎年フリルフツリーブの統計が取られており、2017年の調査では10人中8人が森や山での散歩をし、その頻度は平均週に2回と報告されている。

4) オメガポイント webサイトより引用。
   http://www.aquanotes.com/europe/index.html

5) GÁLDU(2014): We are the SÁMI-An introduction to the Indigenous People of Norway, ČálliidLágádus, eng. 英語

6) 首都オスロはノルウェー内では比較的南に位置しているが北緯59.9度で、日本は北海道札幌市でも北緯43.1度である。温暖とはいっても冬の札幌と比較しても気温は低い。

7) Miljøverndepartementet(1986-1987):Stortingsmelding nr 40(1986-1987).Om friluftsliv. Oslo, Miljøverndepartementet, nob. ノルウェー語（ブークモール）

8) Hofmann,A.,Rafoss,K.,Rolland,C.& Zoglowek,H(2018): Norwegian Friluftsliv, Waxmann, p.23, eng.英語

9) Reusch,M.(2012):Allemansretten,Flux forlag,nob. ノルウェー語（ブークモール）
   英語ではRight to Roam、歩き回る権利。起源を特定することは困難である。

10) Hofmann,A.,Rafoss,K.,Rolland,C.& Zoglowek,H(2018): Norwegian Friluftsliv,Waxmann, p.36, eng.英語

11) DNT：Den Norske Turistforeningは、直訳すればノルウェー観光協会となるが、英語表記ではThe Norwegian Trekking Associationである。ノルウェー

語の tur には散歩、トレッキングの意味がある。

12) 他に青のマークの場合もある。詳細が web サイトに記されている。Den Norske Turistforening, トレッキングルートのマークについて（MERKEDE STIER OG RUTER）, DNT web サイト, https://www.dnt.no/ruter/ （参照 2019/1/19）

13) Den Norske Turistforening: DNT2017 年年次報告書（DNT årsrapport 2017）, DNT web サイト, https://www.dnt.no/aarsrapport/（参照 2019/1/19）

14) Mytting, I. & Bischoff, A. (2018): Friluftsliv(3rd ed.). Oslo: Gyldendal undervisning, p.33, nob. ノルウェー語（ブークモール）

15) Hofmann, A., Rafoss, K., Rolland, C. & Zoglowek, H(2018): Norwegian Friluftsliv, Waxmann, p.28, eng. 英語

16) 関屋敏隆(2002)：やまとゆきはら-白瀬南極探検隊, 福音館書店

17) Arne, N. (1994): The norwegian roots of deep ecology, Nature the true home of culture, Dahle, B, ed., Norges Idrettshøgskole

18) Hofmann, A., Rafoss, K., Rolland, C. &Zoglowek, H(2018):Norwegian Friluftsliv, Waxmann, p.93, eng. 英語

19) 尾崎和彦(2006)：ディープ・エコロジーの原郷-ノルウェーの環境思想-、東海大学出版会

20) ノルウェーの教育にフリルフツリーブを制度化する上でも意図的であるか、無意図的であるかという問題があることをホフマンらも述べている。教育局の提示する目的は曖昧で生徒がカリキュラムをまったく異なる方法で経験すること、フリルフツリーブの授業の機会が少なく成果が十分ではないので、正式な教育では、あまり実りがないとの評価もあるという。標準化された教育を専門的に教育されてきた指導者がフリルフツリーブのような柔軟な方法に対応することの難しさも指摘している。
Hofmann, A., Rafoss, K., Rolland, C. & Zoglowek, H(2018)：Norwegian Friluftsliv, Waxmann, p.52-53, eng. 英語

21) Mytting, I. & Bischoff, A. (2018): Friluftsliv(3rd ed.). Oslo: Gyldendal undervisning, p.34-35, nob. ノルウェー語（ブークモール）

22) ノルウェー統計局 web サイト https://www.ssb.no/en(参照 2019/2/1)

23) 保育所と幼稚園の管轄が違うため二つの資料をまとめた。
厚生労働省(2018)：保育所等関連状況取りまとめ（平成 30 年 4 月 1 日）厚生労働省子ども家庭局
文部科学省(2018)：平成 30 年度学校基本調査, 文部科学省総合教育政策局

24) Hofmann, A., Rafoss, K., Rolland, C. &Zoglowek, H(2018):Norwegian Friluftsliv, Waxmann, p.50, eng. 英語

25) 文部科学省(2017)：小学校学習指導要領(平成 29 年告示)，文部科学省初等中等教育局教育課程課
文部科学省(2017)：中学校学習指導要領(平成 29 年告示)，文部科学省初等中等教育局教育課程課
文部科学省(2018)：高等学習指導要領(平成 30 年告示)，文部科学省初等中等教育局教育課程課

　　教科体育においては内容の取り扱いとして「自然との関わりの深い雪遊び，氷上遊び，スキー，スケート，水辺活動などの指導については，学校や地域の実態に応じて積極的に行うことに留意すること」とある。また，高等学校では専攻科として体育科を設置している学校があり，その指導要領においては「野外の運動」を必修科目としている。
26) ノルウェー語では大学は universitet、単科大学は høgskole、フォルケホイスコーレは folkehøgskole という表記になる。
27) フォルケホイスコーレ，https://www.folkehogskole.no/en/about （参照 2019/2/1）
アルタフォルケフォイスコーレ，http://www.altafolkehogskole.no （参照 2019/2/1）
28) Mytting, I. & Bischoff, A. (2018):Friluftsliv(3rd ed.). Oslo: Gyldendal undervisning, p.35, nob. ノルウェー語(ブークモール)

コラム　　　　　　主観的なデータの愛おしさ

　現在、北ノルウェーのアルタで生活している。ノルウェー語も英語も苦手な情報弱者の私にとって、情報収集の基本は体験である。体験から学ぶ、これは自分にとってのフリルフツリーブであり、野外教育だ。

　私が借りている部屋から職場である大学へは30分ほどかかる山道だが、なるべく歩いて行く。通勤路には幼稚園、学校、お店、山や海が見渡せる丘などがあり、世の中の様子がわかるのである。例えば、この町の人が何時から何時まで活動しているのか、子ども達はどんな遊びをしているのか、知ることができる。ある日、通勤途中にほとんど人を見かけないことがあって、大学に着いてみたらやはりまったく人がいない。祝日だった。

　私の部屋からフィヨルドへは歩いて5分ほどの場所にある。フィヨルドを知るために、できるだけ毎日海辺（フィヨルドは海である）まで釣り竿を持って散歩する。毎日歩いて何が得られるかわからないが、わからないから行かなければならない。海辺では色々な出会いがある。釣り上げた魚たちはもちろん、イルカ、カワウソ、無数の鳥たち、貝や昆布を見つけて拾って食べてみたりもした。海辺では色々な人が活動していることもわかった。色々な国から来ている釣り人、犬の散歩をする人、ゴミ拾いをする子ども達、カヌーをする人、焚き火をする家族。

　体験から情報収集するには実に時間がかかる。多くの情報は人に聞いたり、本やネットで調べたりすればわかることかもしれない。しかし、私はそれでわかるような客観的データがほしいのではなく、私にしかわからない主観的なデータを集めようとしている。これまでの体験で主観的なデータは処理しきれないほどに膨大になっていて、なおかつ、私はこの主観的データを愛おしく感じている。私にとっての主観的データとはそういうものだ。しかし、それは言葉では説明できない。

　今、私の部屋からフィヨルドに浮かぶ雪山が見渡せる。実に美しい景色だ。しかし、仮に私が「美しい」と表現しているこの風景が人にはどう伝わるのか。伝えることができるのだろうか。つまりこうした感情的な体験の場合、主観的に感じ取ったことを、後から客観的な情報に仕立てあげているだけなのではないか。

　ホフマンらはフリルフツリーブの理解に重要な経験の概念として「美的経験（Aesthetic experience）」をあげている。これは芸術の文脈の中で使われるもっとも純粋な形での経験の捉え方であり、体験を内省的過程（いわゆる「ふりかえり」）を通さずそのまま受け入れるという経験の概念である。

　果たしてこのように主観的で感情的な経験の価値や成果を野外教育は認めることができるか。私は野外教育での体験の重要性にかかわる本質的な部分であると思うのだが、やはりこれも主観的でマイナーな意見である。

第二部　ダイアローグ編
第7章　鼎談
―野外教育学会理事長を囲んで―

1.「個別性」

張本　最初に、本書の「はじめに」の部分についてお話ししてもいいですか。もともとは第1章の本文として書き始めたんですけど、個人の経験談から始まる文章ですし、野外教育の実践や研究に携わる読者なら、わりと共感できる部分があるかと思って。それで本文よりもむしろ「はじめに」の文章として相応しいのではないかということになりました。

　それから、経験談からはじまって、やがて野外教育をめぐる客観的な傾向を述べていく中で、中身的には執筆動機だろうということで、土方君と相談して「はじめに」として掲載しようということになりました。

星野　いいですよ。多くの人が共感する部分が多々あるし、読み始めとしてはいいと思う。

土方　執筆動機は、僕らが示す問題提起にも通じるのですが、そのことを第1章の冒頭で仮想的な事例をあげながら書いてあります。キャンプでハンバーグを食べる話を張本さんが面白く書いてくれて。

張本　典型的な野外教育場面で実際にありそうな場面を想像しながら考えてみたんですが、例えば自主性あるいは自立性を目的にした組織キャンプがあったとします。A君は、キャンプ初日の夕食の時には、自分が欲しいハンバーグソースを自分で立ち上がって取ったんですよ。それはある意味既に自立していたというか、親からだったり先生からだったり、常々「自分のことは自分でしなさい」と言われていて、それがある程度身に付いていたという設定です。でもキャンプを通して、最終日はサンドウィッチを想定しましたけど、「マヨネーズを取って」と言うようになったという話です。

　つまり自分で取らないで仲間に取ってもらうようになったんです。これは捉え方によっては、他者を頼る、つまり他者依存が高まったとも考えられるし、そのキャンプの目的である自主性が損なわれたと考えるのも可能と言えば可能ですよね。でもこのA君の文脈で捉えると、場に応じた円滑なコミュニケーションが取れるようになったという風に考えた方が、実際の現場に即していて自然だと思うんです。

　こういう個人個人の中で起こっていることは、比較的大きいカテゴリーで研究したり、特に組織キャンプなどで実践したりする場合、見落とされる可能性があるんじゃないかというのが発端的な問題提起として言いたいことです。にもかかわらず、今研究として盛んに行われているのは、教育的成果の確認を研究者の文脈で語られるのが多いように感じています。その場合、このA君のようなことをどう捉えるんですか、その視点が必要ではありませんか、ということです。

　しかしそれに答えるのは僕でも土方君でも難しいのが現状で、なぜ難しいのかを考えたとき、やはり野外教育って何なのかとか、教育として意味があるとは言うけれど、それはどのように意味があるのかとかが、まだ理論的に説明されてい

ませんよね。あるいは他の教育と比較してなぜ野外なのかとか、そもそも野外とは何かという問題についても明らかにされていません。そのあたりを理論的に積み重ねることや、また研究者の立場で言うと、そこへの努力みたいなものを自分も含めてですが、今まであまりしてこなかったので、説明が難しい現状になっているのではないかと思います。

土方　張本さんの問題提起を受けるような形で、野外とは何なのかということについて、最近僕が学会で発表したりしてきました。野外教育の外の方々から、「あなた達、ただ外でやっているんでしょ」、「野外ってそういう教育でしょ」というような言われ方をされないために、ちゃんと理屈づけをしたいと強く思っています。海外から来たアウトドアの訳語として野外という言葉が使われていますが、それはちょっと違うのではありませんかというような問題提起を第1章の2で書きました。

　ですので、第1章全体は、野外教育の教育とは何ですか、野外教育の野外とは何ですか、という、自分たち自身も抱えている疑問に端を発する問題提起のように書いてみました。

星野　書かれた原稿を面白いなぁと思いながら読ませてもらいました。この原稿を読んだ後で、今年の野外教育学会大会のお2人の発表[1)2)]を読み直してみたんですよ。それで、今年は北海道教育大の前田先生と2人が並んで発表されていたから、前田先生[3)]のも含めてすごい共通性があるなと思った。というのは、野外教育研究を今までずっと20年間やってきたけど、ここにも書いてあったけど、主な研究手法として野外教育の効果検証っていうのがあるんだよね。それは学会として実証しなきゃいけないっていうことがあるので、データ化することがやっぱり手法としてよく使われるんだけど、データ

化するっていうことは平均化することなんだよね。

　でも平均化する時点で既に固有性とか個別性っていうのを1回排除しないとできないことなんだよね。そういう手法でずっとやってきたのだけども、ここで張本さんが提言されていることだとか、土方先生が言っていること、場の話なんかも固有性だとか個別性の話なんかは、今までの手法では絶対捉え切れないって僕も感じているので、別の視点で研究をやっていかなきゃいけないだろうっていうのはあるんだよね。

　前から野外教育の効果があるのはもちろん実証されているんだけど、一体何が個人で作用したかという要因分析なんかもすごく難しいよね。それはやっぱり質的な研究の助けも必要だろうし、やり方をもう少し変えないといけないのかなというのは感じていたね。だから、2人のこの本がきっかけになって新しい研究視点みたいなのを提言できるといいなっていうのはすごい期待したい。今までにないアプローチの仕方だとか分析の仕方を少しこの本の中でも提案したり、あるいはみんなに問い掛けたり、どうするんだってなったらいいかなっていう気がする。

　前に僕が『キャンプの知』[4]で書いていたかもしれないんだけど、以前こういう話が話題になったことがあったと思う。自己概念は向上するっていうのはもう分かっているんだけど、例えばある家庭の、さっきのハンバーグの話とも関連するかもしれないけど、キャンプから帰ってきた子どもがすごく言葉が乱暴になったっていう話を聞いてね。家で普段は使わないような言葉を、その子どもが家に帰ってきた途端に使い始めたときに、自己概念はすごく向上しているけど、本当にそれっていいの？っていう問題はどう考えたらいいだろう。その家では使わない言葉っていうのは、その家の価値観があるので。

　昨日の言葉と文化の話[5]じゃないんだけど、家で培ってき

た価値観を壊すような対応にもなり得るんだよね。キャンプ場ではその言葉はとっても前向きでいい言葉だったのかもしれないけど、ある家庭にとってはそうでもないっていうのはあったりする。そういうのに僕らはどういうふうに答えなきゃいけないのかな？　なんていうことを考えたことがあって、今回、これを読んでて、それを思い出した、面白い話だなぁと思って。

土方　いろんな指導者が実践をするにあたって、今先生がおっしゃったようなことは、必ず少しは疑問として出てくることだと思うんですけど、それがなかなか研究という形で表出してこないっていうのは、先生はどのようなところに原因があると思われますか。

星野　たぶん、前田先生の論文の中にも少し触れてあるんだけど、すごい参考になるなと思ったのは、野外教育の「野外」ね。野外だとか自然だとかっていうのは非常に抽象的な概念なので、その言葉を使うこと自体でもう既に固有性を排除しているって言ったらいいかな。例えば、僕には自分の育った山間部の田舎があるので、そこはすごく意味のある場所なんだけど、それって非常に個別性が高くて、そこの場所に住んでいる人たちには通じるようなものがあるわけで、自然だとか野外という言葉では表現できないすごい意味を含んでいて、野外とか自然とかという言葉ではうまく意味を伝えられない。

　例えばの話だけど、僕の家の周りに住んでる人たちにとって、「俺んちの裏山にこないだ行ったんだけど」って言った瞬間、その周りの人たちには通じるわけ。ここでいう裏山というのは、つまり自然や野外っていう意味なんだけど、1つ1つの草とか樹木相も含めた山のことなんだよね。誰々さんちの裏山はヒノキの山だとかっていうのはみんな分かってるので、

僕が「うちの裏山で」って言った瞬間に、どんな裏山なのかの意味が通じるっていうのがある。それは、同じ場所で同じ体験をしてる人たちには通じるんだけど、なかなか自然とかいう言葉で一般化しにくいってのはあるんだよね。

　だから、個別の体験を野外とか自然とかっていう用語で表現すること自体が、既に難しいかもしれないなっていうのもあると思うんだ。土方先生が研究発表した風土性っていう話を聞いたときに、そんなことを思い浮かべたんだよね。野外とか自然だとかの話、あるいは場の話、個別の話っていうのは風土性と関係してくるのかなっていう気がして。

　僕の研究論文っていうか、『キャンプの知』では、構造としての野外教育論みたいなのを書いたんだけど、暗黙知を扱ったんだよね。つまり形式知と暗黙知の両方がある中で、野外教育っていうのはどちらかっていうと暗黙知のほうをすごく扱うんだけど、自己概念の研究だとか、評価として考えるためには、形式知で出さなきゃいけない。形式知にシフトしなきゃいけないんだけど、シフトするときに個別性がなくなるので、個別性をもっと大事にする必要があるんじゃないかっていうのを指摘した。

　今の研究の仕組みだと、その個別性を少し引き出し切れないのかなっていうのがあって、たぶん張本さんの疑問だとか土方先生の場の疑問、野外という言葉の疑問だとかっていうのは、そういうところからも来てるのかなと思いながら、先日の学会発表を聞いていたんだ。前田先生の話も。

　前田先生の話は、「場に感応する教育」と言ってたかな。その場所は単なる一般化された場じゃなくて、その人にとって特別な場だということを認識できる、教育をしなきゃいけないんじゃないかっていう言い方をしていたね。だから特別な場であるためには個人にとって場に対する認識力も必要なので、感応力と言ったらいいのかな、そういうのが必要なんじ

ゃないかっていう話を前田先生がしていたんだよね。それもすごく固有性があるなと思って聞いてた。

だから、そのあたりのことに関する研究は、やっぱり今の段階だと質的な研究以外では、あんまり考慮しきれていないと思うんだよね。よく出てくるけど、もうちょっと広い意味で野外教育って言われたときに、たぶん2人がこれ書いてやってくれるのは参考になるんじゃないかなっていう気がします。期待しています。

張本　土方君と先日も話したんですけど、研究という視点で言えば、僕らがこの本を頑張って書いたとしても、その筆者らは何者かっていうと、単に野外教育を実践経験した者にすぎないと感じています。具体的に言うと、例えば教育学の専門家が野外教育をどう見てくれるのかとか、哲学の専門家がどう見てくれるかだとか、そういう他分野の専門家からの視点が必要だろうと思っています。前田先生もご専門は社会学ですよね。

星野　社会学ですね。環境社会学って言ったらいいかもしれない。

張本　ちょっと違う分野の先生方に入ってほしいなっていうのはあります。僕らは結局素人なんで、教育学の素人だし哲学の素人なんで、限界を感じます。学問として、研究としてやるには、学会にも他分野の先生が入って、我々のやっていることをどう見てくれるのか、非常に興味がありますし、期待するところです。

星野　必要だと思うね。体験なんかは特に哲学の人たちが得意とする分野だから、専門の人たちから見て野外の体験っていうのをどう見るのかなとか、我々がやろうとしてる教育は教育

学の専門から見てどんなふうに位置づけられるのかっていうのは1回聞いてみたい気はするね。必要なことだと思う。

　次の本はその本かな、きっと。今回は、まだ野外の立場だけど。

張本　僕らが書けるのはたぶん限界があったり、もう既に偏っているかもしれないと思っています。

星野　土方先生と張本先生が書くんだから、今回は野外教育の実践家から見た野外教育学の話という形で出していけばいいと思うんで、課題としてあげておけば十分いいと思うんだよね。それで次は哲学専門の人から見た体験と自然だとか、教育学専門の人から見た学校以外の場での体験を通した教育がどう見えるのかとか、それらをこの次に書いていくと野外教育学のシリーズになっていくかなっていう気がして。序説だからいいんじゃないですか。

土方　まさにその取っ掛かりを書いている気がしています。

2.「野外、自然、風土」

星野　体験の実践家から見た野外教育学って、こう見えるっていうことをやっていけばいいと思うんですよね。たぶん、自然っていう言葉と野外っていう言葉は、場の話になるけどすごく曖昧なので、その辺の扱いは少し難しいのかなっていう気はするんだね。

　僕はまだ論文として発表したりはしてないんだけど、多田先生がやっているデフキッズのキャンプで思ったことがあった。多田先生の研究論文[6]を読んでいて面白いなと思ったの

は、こういうことがあった。いわゆる健常の大学生とろうの大学生のキャンプで、自然に対する刺激語で調べていたと思うんだけど、自然に対する見方を調査していたんだよね。すると、自然っていう言葉に対する刺激反応だけが、いわゆる健常の学生さんとろうの学生さんとで異なっていたっていう論文結果があったんだよね。自然以外の刺激語に対する反応は、あと全部一緒なんだけどね。はたと思ったのが、もしかするとろうの人たちって手話を使うので、手話で表現したり考えたりする自然と、僕たちが言葉で表現している自然の意味がそもそも違うんじゃないかなってことなんだよね。

　前にも言ったように言葉には意味が含まれているので、手話の人たちが扱う自然にはどんな意味が含まれているんだろうかなっていうのは、考えるきっかけになっててさ。たぶんどこか違うんじゃないかって。

　もしかするとキャンプを体験したろうの学生さんたちが捉えている「キャンプ」という言葉、あるいは、手話の用語そのものが、健常の学生が使う自然っていう言葉そのものの意味になっているかもしれないなって考えたことがあって。それが今ここで話しているようなことを考えるきっかけだったんだよね。普段からそんなことを考えていて、だからもっと個別な意味が自然という言葉にはあって、それぞれみんな違うんじゃないかなっていうのは僕自身も考えるところではあったんだよね。

　今の言葉の個別性の話も含めて、個別性を研究で表すっていうのはとても難しいよね。だけれども、ある１人の人の体験で感じたことを丁寧にひもといていくような研究っていうのは必要だろうと思う。意味の作られ方だとかそういうのはたぶん、哲学者と一緒に進めるような研究も必要なんじゃないかな。データでは絶対出てこないような気がする。だからこの本を作る意味はその辺にあるのかなっていう気はとても

したけどね。

張本　なんか僕も先生のお話を今伺って思い出したのが、今年の学会の往復の飛行機で読んだ、『目の見えない人は世界をどう見ているのか』[7]っていう新書なんですけど。
　そのときも思ったんですけど、僕ら多くの人が何となく抽象的にイメージする、自然だったり体験だったりキャンプだったりそういうものは一体何なのかとか、その本質は何なのかっていうことを僕らはこの本で考えようとしてるんですが、実はいろんな条件が遮断されているように思えるろうの人とか盲の人の感覚のほうが、もう既に本質を知っているのかなと思いました。そういういろんな方々から、いろんな違う見方なり違う捉え方が入ってくると、実はもしかしたら本質が分かるのかなと思ったりもします。

星野　思う。それこそさっき田舎の話をしていたけど、僕んちの田舎に今でも行って、地元の人たちとよく話をするんだけど、自然なんていう言葉は出てこないんだよね。いわゆる自然に代わる用語としたら、「こないだ山に行ってきたよ」っていうような言葉とか、「川遊びしてくる」みたいなそういう言葉で表現するんだけど、会話の中には自然とかもちろん野外は全く出てこないんだよね。
　自分で地元の人に分かりやすく言ったらなんて言えばいいのかなとか、土地だとか山だとか、俺らの地域だとかってそういう表現をするので、そもそも人によって捉え方が違うし、状況によっても使い分けたりする気がするね。

土方　そうですよね。やっぱり先生が先ほどおっしゃったように、個別でそれぞれの意味が付随していると思います。僕がこの野外っていうのを少し考え直そうと思ったのも、野外って言

うときの野外って、多くは名詞的な使われ方をするんですよ。そこに違和感を覚えていて、名詞というよりも、むしろそこに積極的な意味を見出すためには、関係概念として捉えようという主張をいろんな理屈をつけながら書いてみたつもりです。

　それで辿り着いたのは、野外っていうのは現代的価値観から外に出るというようなことであるという風に考えました。外に出ると表すと、ただその辺の外に行くのと似たような感じはするんですけど、実は全然違うもので、関係概念としての野外というふうに捉えれば、もうちょっと違う見方ができるっていう方向で書かれています。

　やっぱり自然っていう抽象性の強い、なおかつ今の世の中ではある特殊な意味が与えられている言葉は、使い方に気を付けなきゃいけないんじゃないかって思っています。

張本　ちなみに沖縄では「わったー」っていうのは私たち、また片仮名で「シマ」って書いて自分らの住んでいる風土性を帯びた土地のことを言います。「わったーシマ」とか「わしたシマ」とか。おそらくそれは、ただの土地とか自然じゃなくて、先祖から譲り受けてきた畑なり海なり、歴史とか生き方の関係性などを含んだ、住んでいる人たちにとっては個別のエリアのことを言うんですけど、これを現代語にしちゃうと集落とか。

星野　地域とかね。

張本　地域とか集落になっちゃって、その辺になるともう、全く違うとは言い切れないんですけど、ニュアンスや意味が飛んでしまっていますよね。風土っていう言葉も、沖縄のシマっていう言葉と関係しているかもしれない。

星野　僕んちのほうで山って言っているのと一緒で、「俺らの山」って言う。

土方　確かにそうですね。結局、その人間との関係性の中で捉えられる自然なんで、それを風土だと和辻哲郎という人は表しています。

星野　前田先生が研究論文で、その場に感応する教育をしなきゃだめだって書いていたよね。論文では文献[8]も紹介されていたけど、そこではあまりにも人工化した都市部だと場と人との関係性を断ってしまうので、関係性が断たれた意味での自然だったり、ぽこっと入って行ったその場限りの自然だとあんまり良くないので、常にその関係性の上で自然を見た教育をしなきゃいけないんじゃないかっていうことを、先生は確か言ってたんだよね。そのとおりだなと思って聞いていた。今日の話でも、自然っていうのは関わりの中であるでしょうということになっているよね。

張本　ぽこっと入っていった自然でも思い出しましたが、前田先生が釧路の学会大会のときに書かれていたんですけれど[9]、ある農村の小学生が自然体験するっていう話がありました。どういう内容かというと、都会から来たインストラクターと隣町のキャンプ場に行って、どこにでもありがちなプログラムをして帰って行くんだけど、前田先生はすごく違和感があるって書いてらっしゃるんですよ。

　その小学校の近くにはサクラマスが遡上する川があったり、山菜やキノコを採ったりするような里山文化というか風土があるにもかかわらず、その村にはキャンプ場がないからという理由で隣町に行って、自分の暮らしと関係ない自然体験を

することに対して違和感があるって書かれていて。確かにそれはかなり当てはまるなと思います。

星野　本当に環境のことを考えさせるんだったら、そういう関係性を断っちゃ駄目だと思うな。風土っていう視点で、研究したら面白いなと思ってこれまで聞いていたんだけど、やっぱりただの野外ではないんじゃないかという視点は必要だろうね。

土方　僕、きっかけは自然だったんです。それこそもう10年ぐらい前からですけど、よく野外教育だと自然を大切にとかあるじゃないですか。でも、自然って何だろうなとかってずっと考えていて、1回学会で発表したりもしたんですよ[10]。もう本当に拙い感じでしたけど。でも、いくら考えても、なんか自然って名詞的な使い方もあれば形容詞的な使い方もあるし、なんかよく分かんない概念でどんどん暗闇の中に入っていって。

　星野先生と岡田監督との勉強会[11]があったじゃないですか。あのときにいろいろと自然とは何かみたいなことを調べてみて、出てきたのが和辻哲郎だったんです。そしてそういえば束原先生が風土とかってやっていたよなってことで、もう1回束原先生の論文[12]を読み直したのがはじまりです。

　でも束原先生は論を展開していくんですけど、こういう人がこういうこと言ってるよ、だから野外では自然じゃなくて風土を使ったほうがいいんじゃないみたいな感じで、少し説得力に欠けるといいますか、なんかそういう印象を受けたのは事実です。なので、もうちょっと違う視点で風土っていうのを取り入れられたらなという、そういう希望が僕の出発点だったと思います。

星野　なるほどね。たぶん関係性として自然を見るようにしていくと、そういうふうにいくんじゃないかなっていう気がするね。確か、東京農業大学の進士先生[13]なんかは「仲立ち」が必要なんだっていう話をしていたけどね。例えば、自然との関係性ができてない子どもたちに自然を教えようと思ったら、その関係付けをさせてやる人、つまり、インタープリターだったり、そういう仲立ちが必要なんじゃないかって話をどこかでされていたけど、それなんかも近い話かなと思うけどね。関係性を仲立ちする人。

土方　だから自然を考えたとき、それは手付かずの自然とかではなくて、何か人間が痕跡を残したような、もしかしたらインタープリターも含まれるような、媒介というか痕跡というか関係性が必ずあるはずなんです。
　そういった意味では、やっぱり人間的な意味合いが必ず入るというか、そもそも手付かずの自然なんてありますかというようなことを僕は考えたことがあります。

星野　ウィルダネスっていう言い方についてはどうだろうね。アメリカなんかには実際にそういう場がありそうだからいいと思うんだけど。

土方　それに対しても、人との関係性はあると思うんですよ。自然を向こうに置いておくというか、それは必然的に離れているというよりも、何か宗教上の理由みたいなもので離れていってる自然のように僕は感じるんですけど。そういう意味でやはり人との関係性があると思っています。

星野　宗教上の理由で離れていっているというと、例えば。

土方　ここは注意深く勉強しないといけないところですけど、例えばキリスト教とかは二元論的な発想じゃないですか。なので手付かずっていうのは、どちらかと言えば人が立ち入らなかったという結果的な手付かずではなくて、私たち上位に立つ人間とは関係ないものとして遠くに意識的に存在させている自然みたいな形で捉えられている気がします。そういう発想、つまり関係性に基づいて、ウィルダネスもあるんじゃないかなと思っています。

星野　言葉の背景だったり発想のされ方がそもそも違うんだよね。張本さんの文章に書いてあったけど、そもそも教育という概念がないところがあるって書かれていたけど、似たような感じで日本にはいわゆるウィルダネスで表現されるような手付かずの自然っていう発想自体があんまりないかもしれないね。日本人が思い浮かべる自然は関係性の中でしか捉えられないと思う。たぶん。

土方　人が入らない奥山とかも、たぶん何かしらの意味がそこに付与されていたり、入らないという関係性を持っているんじゃないかなと思います。そういった意味では、関係性を持たない自然っていうのはほとんどない気がします。

星野　そうだよね、確かになさそうな気がする。いろんな意味でみんな使っているんだけど、その辺をどのように自然という言葉の中に表すかっていうのは難しいんだよね。だからこそ風土性っていうのが考えられるんだよね。今ここに高野さん[14]がいないけど、高野さんが言う「場の教育」だとか、文化もそうだよね。

土方　高野さんは Place Baced Education と言われています。「地

域に根ざした教育」ともおっしゃっています。

星野　文化の中で培われてきた地域っていう捉え方をしているよね。単なるその南魚沼の中の地理を教えるとか、そこでやるとかっていうことじゃなくて、そこの 1000 年、2000 年続いてきた中で培われてきた文化がある場所としての、南魚沼なんだっていうことを言ってるからね。そのこととも関係してるかなっていう気がする。そういう意味でいうと、風土性とつながる話だよね。

3.「近代的価値観が見落としてきたもの」

土方　かなり本質的なところを先生からもずばりと言っていただいているので、結論を言ってみていいですか。

張本　土方君と先日沖縄で話したときも、野外教育は結局どういう方向性を持っているのかというような、結論めいた話になりました。
　　　これはもちろん、もしかしたらなんですが、近代的な価値観と言える事かもしれないのですが、何十年も前から、今の世の中がもっと良い方向に進んでいけるようにと続いてきて、そして学校教育でも良かれと思う方向にずっと進んできたはずですよね。それが今の現実社会をもたらして、良かった面も多々ありますけれど、事実としていろんな不具合が起きていますよね。そういう近代的価値観は幸せをもたらすはずだったのに、どうもそうでもなさそうだと。
　　　それで野外教育とは、そういう近代的価値観とは違う価値観を持つ人を、育てるっていうとまたおこがましいんですけど、持てたり使い分けたりできるような人になってほしいな

というような教育。それは田舎に戻れとかそういう単純なことではなくて、いろんな意味も含むんですが。

星野　それはあると思うんだよね。だから僕も暗黙知と形式知の説明で書いたんだけど、要は人類というかヨーロッパ社会が18、19世紀に近代科学の社会にしたときに実証主義で行こう、実証できないものはもう信用しないっていう社会で行くことに決めたんだよ。それでずっと進んできたけども、実証できないものが本当はいっぱいあって、それをどちらかというとなおざりにしてきたっていうかね。実証できるものを優先でやってきたけど、歪みとか見落としも確かにあるよね。

　実証できないもの、その個別性だとか固有性っていうのをもうちょっと大事にする部分も野外教育にも必要なんじゃないかなと思ってきたんだ。ただ文字通りに実証しにくい事を実証するのは難しいので、理解してもらうことも逆に難しいんだけどね。でも、そういう世界は確かにあるっていうことと、なかなか実証しにくくて研究として伝えることが難しいんだっていうことを、今回の本が主張することも大事なんじゃないかなっていう気がしている。

　野外教育学会に携わる人たちは両面あっていいと思うんだよね。よりデータ化できるもので実証する人と、データ化できない部分をきちんと捉えて押さえておく研究をするって人も、両方いたほうがいいと思う。その辺が非常に大事なことなんだけど、学会としてもまだ足りないんじゃないかなってずっと思っていたよね。だから今後の方向性で言えば、課題の部分って言ったらいいかな、まだ学会の足りてない部分を誰かがやる必要があるし、それには哲学者に教育論を仰ぎながら、教育学者にも相談しながらやっていくと、少しずつ不足している部分が埋まっていくっていうか、そんな気がするんだよね。近代科学の残してきたものっていうか、そこは確

かに大事だよね。

　そういう意味で言えば、教育も近代化されているよね。張本さんが構造化されていない教育を書いていたけれど、もちろん今の教育システムは構造化されているので、教室の中の指導要領から何から何まで全部構造化されていて、ねらいどおりに何か効果が上がるようにつくられているんだけど。野外教育の中にも構造化されているものもたくさんあるよね。

　ただ、構造化できないものってあるわけでしょ。あるいは、意図的に構造化しないでその場その場で出てきたものを大切にするとか。たぶん沖縄の話もそうだし、僕んちの田舎の話なんかもそうなんだけど、意図しようとしなくてもその場でいろんなことを体験すること自体が本人にとっても大きな教育だよね。そういう体験の部分は原点に置いておくべきだと思うんだ。ねらいだとか目的だとかは、その上ではじめて出てきていいかなと思うけど。あんまり目的とねらいをはっきりさせないほうがいいかなっていう気がするんだよね。ソースを取ってくれっていえるようになった子どももそうだけど、その上での自立性とかだよね。

　キャンプの目的でも、本当に身に付くものはものすごくたくさんあるので、それを狭めようとしないほうがいいね。無理やりふりかえり[15]をしても、そのふりかえりの中で本当のねらいが達成できたかっていう事を実証するのは本当はとても難しいよね。だから野外教育の目的とかねらいとは違う意味で、一体どういうものを子どもたちは体験して、そしてどういうものを身に付けたり感じたりしているのかみたいなのを調べていくのが大事だという気がするんだよね。

土方　学会として、先生はそのあたりが足りないと先ほど言っておられましたけど、実際にそれをいろいろ証明しようとすると、けっこう難しい壁がありますよね。

星野　証明するっていうか、1つ1つ丁寧に拾い集めるような実証研究って言ったらいいかな。そういうのが大事なんじゃないかな。
　研究として目的にかなった物差しをつくって計るっていうのはとっても大事なことなので、それはそれで学会や研究としても大事な1つだよね。でも、物差しがつくりにくいような、あるいは最初につくるんじゃなくて、後からこういう事だったというのが分かってくるような研究っていうかな。1人の子どもの体験をずっと追跡して、こういうことだったのかとか、こういう意味があったのかというようなことを事後確認していくとか。張本さんが仮想で書いていた2人目の人生に影響するような体験はよくあることだと思うんだけど。

張本　僕は2人目の仮想事例を書いている中で、それも野外教育って言っていいんじゃないですかという風に主張しているんですけど、そこはどう思われますか。

土方　僕もひょんなところからというか、全く違う方向からつながるっていうのが人間の本質なのだと思ってきたので、2人目の事例も野外教育の範疇であると思うのですが。

星野　あると思う。あるというより積み重ねのような気がするんだよね。ひょんなことから、今までやってきたものが全部つながって、ポッと出るような。それも野外教育だと言っていいと思う。

張本　土方君と話したことがあるんですが、どうしても一般的な野外教育の特性上、実施する期間があって、ここで何かしないといけないって思い込みがちですよね。なので当然それを

証明するような研究をしていくわけです。

　でももしかしたら、その期間の中では何事もなくても実は良くて、何かきっかけや引き出しみたいなのが増えてくれれば、それでもう良いのではないかと思ったりします。これが何かの拍子に何年後かにポッと出れば、それはすごい成果があったと思えればそれでもいいのではないかと思います。

星野　　そう思う。土方先生もそうなんだよね。

土方　　そうなんですけど、僕も120パーセント同意なんですけど、現状としては論文や研究業績をコンスタントに出す必要とかがあって。やっぱり一発のキャンプでこうだったみたいな事を書きたくなる誘惑に駆られます。近代的価値観そのものです。野外教育学会はあんまり業績を連発しなくてもいいとか、そういうお達しが日本野外教育学会理事長から出ればありがたいのですが。

星野　　学会としては研究してもらわなきゃ困るんだけど。だからやっぱり両面というか、野外の研究をする人は両方の側面からアプローチもして、時間のかかる研究も、コンスタントに発表できる研究も、両方できたらいいんじゃないかな。

張本　　引き出しを予め設定しなくても、先生がさっきおっしゃったように、後付けでどんな引き出しが生まれたかって調べるのは面白いと思います。

星野　　それはこれからの研究のヒントだとか、きっかけとして面白いなって気がするね。後から違うことが分かったり、なかなか時間もかかって大変そうでもあるけど。

張本　僕が第 2 章で書いているのは、あまりにも指導者側が何か期待することが大きいと、それに反応してしまう子どもが出るんじゃないかという、いわゆる"よい子"についてです。僕がスタッフで参加していた子どものキャンプで見たことがあるんですけど、ふりかえりをすると「協力する」とかを連発するように言うんですね。あまり考えて言っている気配もなく、そう言っておけばとりあえず良いだろうと察知しているんですよ。それで夜のミーティングでも協力という言葉を使わせないようにスタッフにお願いしました。

　子どもは大人が期待しているのを察知するので、大人の気持ちが強ければ強いほどそこに自分を合わせてしまって、本来は別の引き出しが持てたかもしれないけど、求められる引き出しに合わせてしまうこともあるんじゃないかと思います。かといって、放ったままだとそれもまた違うので難しいです。

星野　教育の話はやっぱり難しいね。キャンプとか教育の立場で言うと、もちろん放ったままでは何も生まれないのかもしれないけど、かといってあまりにも意図的になったり教育目的が強過ぎると、そもそも楽しくなくなるので、それはすごい心配はしているんだよね。僕らも野外教育っていう関わり上、いろんな目的だとかねらいだとかがあってやるんですよという話はするんだけど、注意しないといけないのは本来は楽しいからやるでしょう。

　それがあまりにも教育目的が強くなってしまうと、例えば木登りが教育かっていうと、木登りは木登りであって教育じゃないんだ。それを教育として見る人がいると教育になるけど。そろばんが算数かっていうと、そろばんは算数の教材であって算数ではないんだと。それと一緒で、キャンプも本当に楽しくてキャンプをやることは意味あるんだけど、あまりにも教育目的にしてしまうと、反応し過ぎてしまう子どもが

いるだろうね。

　僕はだから、体験をまず提供するっていうのが非常に大事なんだとは思うよ。普段はそういう体験をしてない子どもに機会を与えて、そこでいろんなことを感じているはずなので、それをどう引き出して調べていくか、そこに新しい研究手法みたいなのが出てほしいと思っているんだよね。構造化されない教育っていうのはあると思う。

4.「野外教育の原理」

土方　僕は一連の執筆の中で、野外教育の原理を明文化してみました。星野先生も鼎談という形で書籍の中に登場するにあたって、どういう風に明文化したのかを確認していただきたいのですが。もし同意いただけない場合は、書籍の中での整合性に問題がありますので、実は今日の鼎談で僕がいちばん気になっているところです。

　野外教育の野外というものを、さっき言ったように関係概念として捉えています。そして、その捉え方としては風土の概念を援用しているというのが骨子に相当します。実際には「野外教育実践において身体的な関わり合い（体験、あるいは実存的に外に出ること）が失われてはならない」というように「野外教育とは風土で基礎づけられた野外の教育なので、こうでなければならない」というような表現をしてみました。

星野　いいと思いますよ。この明文化された文章も確認しながら鼎談を進めていたというのは、全く問題にはならないです。

土方　これに基づいて野外教育を考えると、例えば教室の中でVTRを観るだけのような生物学習のような場面は、完全に野外教

育からは排除されるということになります。今の野外教育学会も体験と謳っているので問題はないとは思うのですが、体験の要素がないものはすべて排除されることに、先生はいかがお考えでしょうか。

星野　僕自身はあまりこだわりがなくて、それこそ僕がアメリカで指導を受けたハンマーマン先生[16]は、学校の授業を教室以外の場でやる場合はoutdoor educationだと言っているよね。学校の先生が教室の外でやる教育を野外教育だというように考えている。

　　　日本の野外教育の場合はどちらかというと、キャンプを中心とした社会体育で盛んに行われてきた素地があったので、どこでやると野外教育で、どこでやると野外教育ではないという話にはなるんだけど、僕自身はあまりこだわってないので、どこでもいいかなという気はしています。

　　　ただここで言う、土方先生が捉えている野外教育の捉え方はいいと思う。全然気にはなりません。むしろこのような整理をする事は研究としてもすごく面倒くさいから、コツコツやる人が必要で、大事なことだと思うな。学会としても世代を通じてこういう研究を積み重ねてやっていってもらえるといいよね。あの人がこんなこと言っていたから、僕らはこうやってみようとか、また次の人がそれを見て私たちはこうやってみようとか、きっとやる人が出てくるはずだから、それが大事だなと思って。とてもいい本になると思いますよ。

5.「野外教育地図」

土方　第5章で野外教育をマッピングしようという試みも書いています。それは野外教育における「教育」と「野外」の概念

の再検討の結果を受けて、それぞれを X-Y 軸として表してみたものです。最終的には、自分がやっている野外教育が地図上のどのあたりに位置しているのかが俯瞰できるような、1つのツールとして考えています。

星野　この Y 軸は分かりやすいね。教育が意図的と無意図的だよね。そして X 軸が野外性。分かりやすくて、自分でプロットするんだよね。目で確認できるんだ。

土方　自分の目で確認した上で、この本で示した視点を考慮するとさらに何が必要かが分かるようになっています。1 つはこの風土的な野外教育というものを善しとする（もしくは野外教育は風土的なものとする）のであれば、X 軸でなるべく上のほうへプロットされるように、風土的な要素を取り入れてみようとか。

　　　ただ Y 軸の意図的な教育と無図的な教育は、特に善し悪しがある訳ではなく、自分の現状だとか、今自分がどこに位置しているのかを知るということで考えています。

星野　なるほど。こういう分け方は面白そうだな。自然科学的価値観と風土の価値観。

　　　前にもいろんなところで書いたんだけど、僕がアメリカに行ったのは 1985 年から 1986 年頃で、ちょうどネイチャーゲーム[17]がアメリカで生まれてきて、その生まれてきた要因を向こうの先生たちに聞いたことがあってね。生態学的な自然、いわゆる自然科学的な自然を学校で教えてきたんだけど、身に付かなかったり子どもたちの行動に表れないので、やり方を変える必要が出てきて、それでコーネルさんたちが何を参考にしたかっていうと、東洋の自然観なんだよね。例えば禅だとか。日本の人たちやアジアの人たちは自然にどう接する

か、そこにはどういう関係性があるのか、そんな東洋の多くを参考にしたっていうことなんですよ。

　ウィルダネスとも関係するけど、自分たちの向こうにある自然を分析して、生態学的なつながりを教えようとしたんだけど、風土というか文化としてつながっているという意識がそもそも無いので、すごく教えにくかったと。それでコーネルさんたちが、つながっているっていう東洋の見方を参考にしながら、それをゲーム風につくり直したのがネイチャーゲームなんだよね。それをやり始めたら、子ども達が自然との関わりを考えるようになったっていうので、これはいい感じかなと。日本とかアジアの人たちの自然に対する見方を参考にするんだっていうのかな。その背景を聞いたときはとても面白いなと思った。

　僕がちょうど行っていたときも大学院の先生が、俳句とか短歌とかに興味を持って、「どういう時にどういう風に作るのか教えて欲しい」って質問するわけ。俳句や短歌は自然とのつながりを表すものでしょ。その質問をされたときは秋の風が強い日で、太い樹が風にあおられて、ドングリが屋根の上に落ちてきたんだよね。それで例えば、いまドングリが落ちる音が聞こえるけれど、日本の人たちはその音が聞こえる瞬間に、外はすごい風が吹いていて、屋根の上の樹はこうなっていてドングリが落ちてくるみたいに想像がつくんですよ、それを詠んだのが俳句や短歌ですって答えてみたわけ。日本人はいつも何かを意識しているとか、つながっている意識がある、そんな説明したことがあったね。するとやっぱりアメリカの人の見方や感じ方とちょっと違うので、すごく興味を持たれて、それは面白かったね。

　だから野外性、意図的と無意図的、それを2つの軸として捉えるのは面白いと思います。いろんな分け方、例えば都会と自然とかがあったけれど、今回のものは誰も考えてはこな

かったでしょう。

土方　いろいろある分け方も、その多くは名詞的なもので分けているパターンが多いですし、先生がおっしゃった都会と自然とかは、もしかすると自然という言葉が持っている魔力みたいなものに回収されてしまっている気もします。
　僕らが示そうとする野外教育地図では、少し違った切り口で分けられるのかなという風には感じています。

星野　地図ね、それも楽しそうだな。地図もそうだけど、それぞれの章のことをさらに勉強しようっていう人がまた新しく出てくる気がするね。

張本　いろんな野外教育の在り方がもし示せたら、また野外教育学会に入ってくる新しい人も増えるかもしれないと思います。例えば僕は冒険遊び場にも興味があるんですけど、ああいう方々がどう思ってやっているのかとか、あんな都会の中でもわりと構造化されてない中で子ども達に体験させているっていうのは、すごい意味があるはずですよね。でも僕らはなかなか知らない面もあって、そういういろんな方が学会に入ってきたら面白いと思います。

6.「脱体育会的野外教育」

星野　そういう意味でいうと、今の野外教育学会はわりと限られた分野の人たちが団体を構成しているから、確かにそうだね。いろんな分野の人が入ってきて、ああじゃない、こうじゃないって教えてくれたり、逆にこちらから教えられる事もある方がいいなっていう気がするな。

土方　もともとの分野がそうなのかもしれないですけど、環境教育学会はかなり多岐にわたる専門の方がいらっしゃいますよね。でも野外教育学会は体験を重要視するので、どうしても身体とか体育系に偏り気味な気がしています。

張本　体育会系という話で言えば、筑波の研究室[18]のニュースレターに「卒業生からのメッセージ」というのがあって、そこにこんなことを書いたことがあります。
　僕は今沖縄に住んでいて、ある1種類の貝にすら気持ちが向けられるようになってはいるんですよ。いわゆる絶滅危惧種です。でも学生のときはどうしても体育会系なんで、海だったらダイビングとか泳ぐとか、山だったら登山が好きとかそういう身体を使う活動みたいなものに、どうしても引き寄せられてしまって、貝なんかには興味が無かったと思うんです。
　でも、実はその活動を支えている生き物たちの現状にも関心を持っていくと、沖縄に限らず日本中の自然環境が失われつつあるわけで、そういう事にも気づけるようになるためには、体育会系発想だけでは駄目ですよ、みたいな、そういうメッセージを書いたことがあるんです。だから、いろんな分野の人にも自分から関わっていったり勉強していかないと、体育系の発想だけでは限界があると思っています。まあ、それは特に筑波の野外向けなので、意識的にそう書いたんですけど。

星野　なるほど。僕が最近読んだ本で『樹は語る』[19]っていう本があって、それは樹木学者、本当に詳しい人が書いているんだよね。よく多田先生と行く男鹿のキャンプ場の渓流だとか、僕の実家の奥の沢沿いだとかには、サワグルミだとかトチノ

キだとかホウノキだとかがワッと生えているんだけど、その本には、それがなぜそこに生えているかというような話から、樹木はどうやって作戦を立て次の世代を育てるかというような詳しい話が書かれてるんだよね。

　だから面白くて次から次へとページが進むんだけど、こういう専門の詳しい人と一緒にハイキングに行ったら面白いんだろうなと読みながら思った。それを書いた先生は自分とはまた違う見方で見ているんだなっていうのが分かるんで、とっても勉強になった。同じ場所なんだけど、見える人には見えるものがあるので、そういう分野の人の話を聞きながら、同じところを共有する体験も大事かなと思うんだよね。

張本　先生、話が脱線しますけど、昨日面白い話を聞いたんですよ。沖縄には久高島という、沖縄の人は琉球の時代から「神の島」として認識している島があるんですよ。琉球時代は神事、祭事と政治とが神女の存在によって一致していたんですが、その神女の組織化というか、系列化が久高島でなされたという歴史があって、現在にも一部受け継がれています。

　その久高島で生まれたある方から聞いたんですが、庭からいろんな草が生えてくるんだけれど、草にもいろいろありますよね。例えばある時、庭にそれまでなかったウコン、沖縄ではうっちん茶として飲まれますけど、それが生えてきたとします。するとその家には、肝臓が弱った人が必ずいるらしいんです。その話はご自分のおばあさんから聞いたとおっしゃっていました。今でこそ飲み過ぎにはウコン、肝臓にはウコンとして有名ですけれど、そのような効果が証明されるずっと前から、久高島では世の中全て然るべき時に、然るべきものが起こってくるみたいな精神性があるわけです。草1つすら適当に生えてくるわけではなくて、意味があって生えてくるんだっていうような話を聞きました。

つまり、その神事だったり風習や精神性と、現代科学がけっこう合致する面が多々あると思うんです。古くから久高島では4月から5月頃にかけては誰一人一切、山に入ってはいけないというのがあるそうです。それを現代的に説明すると、実はその時期はちょうど土壌中の微生物がすごく繁殖する時期らしくて、むやみに立ち入って踏みつけてしまうと、土地が荒れていくという科学的事実とも重なり合うらしいです。ですので目から鱗と言いますか、ちょっと脱線したので話を元に戻しますと、体育会系の自分たちの知らない世界とか、分野に詳しい方々と場を共有するという事はとても大事だし面白いと思います。

7.「体験と経験」

土方 そろそろ話題としては最後になりそうですが、星野先生や張本さんから言い残していることはありませんか。

張本 さきほど、教育には意図的な面と無意図的な面があるという話が出たんですけど、それに関連しながら補足で言うと、体験というのも無理に経験に引っ張らなくてもいいんじゃないか、そのままの体験でもいいのではないかという事も書いています。体験に有益性を求めるのも重要ですが、場合によってはあるがままの体験も認めましょうというようなことを書いています。

土方 星野先生が先ほどおっしゃったように、その体験がいつ何か別のものとつながって、違う意味を持つことはいくらでもありますよね。ひょんなことから。あまりそこで意味づけを急いでしまうと、その熟成期間がなくなってしまうというか。

星野　体験を経験に変えていくのは、まず学びの話から来ていると思うんだよね。それで、体験を通した学びを導く手法として、体験学習法とかPDCAサイクルとかが考え出されてきて。経験の研究者であるデューイは学校教育としての体験を捉えていたので、第一次体験に終わらせないで、さらに学ばれた第二次体験みたいに、昇華させなきゃいけないというようなこともあったと思います。

　僕たちが関わっている野外教育として考えてみた時に、まず体験することがすごく大事だということは押さえたいと思っている。あまりにも意図的にふりかえりをして、学びというものまで持っていこうとし過ぎるあまり、いろんなものを落としてしまうことを僕も心配しているんだよね。最初のねらいが強すぎると、他のものは排除してまでそのねらいを達成しなければいけないみたいに考えてしまいそうで、でも全くそんな必要もない。もちろん極端なねらいがある場合は、状況によってはかまわないけど。

　ただ、体験をないがしろにしていいかっていうと、そうではないと思う。子どものありのままの体験って非常に大事だから。

2015年10月26日　浜離宮恩賜庭園にて

星野 敏男（ほしの としお）

1951年生まれ
筑波大学大学院体育研究科体育方法学専攻修了：体育学修士
現職：明治大学教授
日本野外教育学会理事長。（公益社団法人）日本キャンプ協会会長。
主な執筆：野外教育入門シリーズ 全5巻 監修（2011：杏林書院）、野外活動－その考え方と実際－（2001：杏林書院）、野外教育入門（2001：小学館）、キャンプの知－自然と人との教育実践から－（2002：勉誠出版）など。

【注】
1) 張本文昭・土方圭（2015）：野外教育における「教育」概念の再考、日本野外教育学会第18回大会 プログラム・研究発表抄録集、74-75
2) 土方圭・張本文昭（2015）：野外教育における「野外」概念の検討 第二報－「風土」概念による再定義の試み、日本野外教育学会第18回大会 プログラム・研究発表抄録集、76-77
3) 前田和司（2015）：「場所に感応する野外教育」は何を目指すのか、日本野外教育学会第18回大会 プログラム・研究発表抄録集、72-73
4) 星野敏男（2002）：構造としてみた野外教育－野外教育私論－、筑波大学野外運動研究室編 キャンプの知、勉誠出版、東京、133-152
5) 星野敏男（2015）：埼玉県キャンプ協会20周年記念式典 基調講演
6) 多田聡（2012）：キャンプ実習における聴覚障害学生の自然認識、明治大学教養論集 482、57-78
7) 伊藤亜紗（2015）：目の見えない人は世界をどう見ているのか、光文社
8) Brian Wattchow&Mike Brown（2011）：A Pedagogy of Place：Outdoor Education for a Changing World、MONASH University Publishing
9) 前田和司（2009）：場所のセンスと野外教育－A.Brookes の議論から－、日本野外教育学会第18回大会 プログラム・研究発表抄録集、78-79
10) 土方圭（2006）：「人と自然」に関する一考察、日本野外教育学会第9回大会 プログラム・研究発表抄録集、92-93
11) サッカー元日本代表監督である岡田武史氏らと2011年に複数回実施された私的勉強会。富良野自然塾（主宰：倉本聰）のインストラクターとして環境教育に造詣の深い岡田武史氏の呼びかけにより、社会学、教育学、野外教育、環境

教育を専門とする研究者が集まり実施された。
12) 束原昌郎（1990）：野外教育における風土概念導入に関する一考察、東京学芸大学紀要第5部門 芸術・体育42、109-115
13) 進士五十八氏。日本野外教育学会第4代会長。東京農業大学第10代学長。農学博士。造園学者、農学者。2007年紫綬褒章受章。
14) 高野孝子氏。NPO法人エコプラス代表理事。早稲田大学教授。教育学博士。近著に『PBE地域に根ざした教育-持続可能な社会づくりへの試み-』（2014、海象社）がある。
15) ふりかえりとは、体験学習法において、「どのような体験をしたか」「気づいたことは何か」「なぜそのようなことが起こったか」「これからの課題や目標は何か」といったことについて、内省したり、言葉にしたり、表現すること。
16) Donald R. Hammerman 氏。元北イリノイ大学教授。教育学博士。著書『Teaching in the Outdoors』（邦訳名ティーチング イン ザ アウトドアーズ、1989、杏林書院）は、星野氏らによって邦訳され、日本に紹介された。
17) ネイチャーゲームとは、自然への気づきを目的として、五感を使いながら自然を直接体験することができるパッケージ化されたプログラムのこと。鼎談で登場するジョセフ・コーネル氏によって発案された。
18) 筑波大学野外運動研究室。1949年の東京教育大学遊戯運動学研究室に端を発し、現在は筑波大学体育専門学群、大学院人間総合科学研究科体育専攻に属する。星野、土方、張本、多田を含め、これまで数多くの野外教育研究者、実践者を輩出してきた。
19) 清和研二（2015）：樹は語る、築地書館

第 8 章　筆者対談

土方　今後予定されている星野先生を交えた鼎談ですけれど、やはり現在の日本野外教育学会理事長でいらっしゃるという点で、本書にとっても非常に意味があると思うんですけれど、また逆に、お立場的にそう書かれては困るというのもあるかもしれなくて、今回の内容についてどのように思われるかが心配なところでもあります。

張本　僕は何となく、普通に認めてくださるのかなと期待しているんだけど。若手の中から、やっとこういう視点で書いてくれる人が出てきたという意味で。
　実際、先生の世代や、さらに上の世代の先生方はおそらく、日本にまだ知られていない野外教育というものを紹介されてきて、やっぱりその普及というか、広めるという部分にご尽力されてきて、なかなかご自身で取り組む時間とかが取れなかった世代だと思いますよ。

土方　それもあると思います。一方で僕は、野外教育学会については実践の集団のように感じているんですよね。実践あっての野外教育なので、実際にはその企画から募集、スタッフの確保やたくさんの事務作業、そして本番というように、非常に

多くの時間が必要なわけですが、そのことが基礎的な研究に没頭できないという状況を生み出しますよね。

張本　環境教育学会では「環境教育学」という学問論がほとんどされていないということが言われていたよ。確か環境教育学会20周年の座談会が学会誌に掲載されていたと思う。

　ESDについても流行に流されていて、学問論になっていないとまで書いてあった。それって自己批判だよね。

　僕らは野外活動とか自然体験活動とか、体験という視点が中心で、結果的に体育会系が多い気がするけど、少し別の視点で見てくれる教育学の専門家とか、歴史とか、環境とか、そういう分野の方々にも加わって欲しいよね。

　それから、学会誌でも環境教育学会ではテーマを設けて、それに沿って学会誌の掲載論文があったり、学会発表もあるでしょう。あれはこれから野外教育学会でも必要じゃないかなと思う。僕はちゃんと、東京海洋大学での学会大会はテーマに沿って海の発表をしたけれど。

土方　そうでしたね、張本さん。あの貝の発表は海のテーマに沿った発表だったんですね。

　確かに学会としての課題を示して、学会として取り組まないといけないことがありますよね。

張本　この本で問題提起になる部分を書くときに、結局は使わなかったけど直近5カ年の学会発表のキーワードをエクセルに打ち出したんだ。するとやっぱりキーワードに変数が多いっていうのが明らかなんだよね。

土方　確かに何々をしたら何々に効果がありましたというのは多いですよね。僕もそうですよ。でも体験というものを前面に

出しているのが野外教育なので、身体を介するということを絡めていくとなると、僕自身は環境教育学会よりも野外教育学会なのかなというのがあって、身体という意味では野外教育学会も大切だと思います。ただ今のところ、その体験も十分に強調できていない気がします。

張本　それで言えば、教育学部とか総合大学とかに籍を置いている先生が、例えばご自分の同僚と研究を進めれば、新しい視点も必ず入るはずなので、面白いかもしれないよね。教育原理の先生から見た野外教育とか、美術の先生から見た野外教育とか、あるいは農学部からの野外教育、哲学としての野外教育とか、そんな広がりが生まれそうだよね。

　それから、さっきのキーワードの話になるけど、変数の中身を見ていくと、ほとんどがいわゆる社会的課題を扱ってるのね。じゃあ、それらの課題が何かの理由で将来的に解決されていったときに、そのときでも野外教育の存在意義はどこにあるのと問われたら、今の現状だと答えられないという気がする。

土方　僕も思いますよ。それって野外教育でなくてもできるようなことが、キーワードとしてあげられたりしますからね。ですから、なぜ野外でやっているんだろうっていうことは、やはり問われ続けないといけないのかなと思います。この問い続けるということが一番重要で、例えばたまに問題提起的な論文や発表もあるんですけど、単発が多いですよね。1つ1つに共感して、もっと研究を深めて欲しいのに、翌年の学会では全く別の発表だったりする。確かに著名な理論は野外教育の実践に適合するんですよ。人間の行いだからとても共感しやすい。でもそれを野外教育の独自の理論体系の中にどう組み込んでいくのかとなると、実はかなりの労力と時間が必要

になってきます。

　ただそれを、僕なんか本当に拙いですけど、何とか納得してくれるように、同意を得られるような形で少しずつ積み重ねていったわけじゃないですか。まだ理論体系まではいかないかもしれないですけれど。だからこの何年かは風土を手がかりに論じていますけど、自戒を込めて風呂敷広げて逃げるのだけは避けたいと思っています。

1.「本書（野外教育学序説）について」

土方　この本は張本さんと僕との共著になるんですが、僕の文章と比べて張本さんの文章は読みやすい気がします。どうしても僕の場合、哲学分野の言葉の使い方があったり、しかもトレーニングを受けたわけでもなくて自力で書いてるので、限界を感じています。哲学的な本を読んでいると、どうしても感化されていくというか、反映されていくというか、それであのような言葉使いになるんですけど。
　張本さんのは最終的には言わんとしていることが読みやすい。言わんとしていることが複雑で、それを単純化してしまうというのは、たぶん良くないと思うんですけど、複雑なことを、ちゃんと分かりやすい言葉で説明しているのが一番いいんじゃないですか。

張本　でも実際のところ、いろんな文献を集めてきて書いていくけれど、実は集める段階で自分の思考に近いものを引っ張ってくるから、最終的に書いていったらそうなるみたいな感じはあると思うよ。最初からこれを書こうとかは意識的にはないと思う。

土方　それで、この本のタイトルも今決めましょうか。それとも星野先生と話した後で決まっていくのかなっていう気もするんですよね。星野先生を僕らの先輩世代の代表とした場合に、今までの代表的な考え方と、僕らの別の視点の考え方が合わさって、何となく方向性が見えるような気がするんです。少しタイトルは置いておきましょうか。

　あるいはそもそもの執筆動機についてはどうですか。動機とタイトルは関連すると思います。例えば不満があるとか、現状を憂うとか、ネガティブかもしれませんけれど、動機ってそういうことだと思うんです。

張本　執筆動機ではないけど、あえてネガティブなことを言ってみようかな。

　例えばホームページとかブログ、最近だと SNS とかで、例えば研修会や指導者養成、あるいは何かのワークショップの様子が報告されるよね。そこでよく目にするのは、スクリーンにパワーポイントの映像が映っていたり、付箋で KJ 法をやってホワイトボードや模造紙に貼っていたりとか、そういうのを見ると、どれも同じような印象を持つことはあるんだよね。それは僕が見るので野外教育とか環境教育とか地域づくりのページが多いんだけど、プロジェクターにパワーポイントを映して、「なるほど、じゃあ、やってみましょう」ってなって、付箋に書きました、みんなで考えてジャンルに分けました、模造紙に書きます、ホワイトボードに貼って発表します、それで方向性が見えましたって、そんな構図がすぐに想像できてしまう。日本中で、しかも違う人たちがやっているはずなのに同じ事に見えるって、何なのかなとは思う。

　最近、パワーポイントを嫌う企業が増えてるらしくて、それは分かりやすいけれど、作る労力がけっこう無駄だったり、本当に大切なことがスライドには落とし込めないし、議論が

深まらない。あれって、視覚的に明確に示せるから分かりやすい反面、逆に議論が深まらなくて、わりと先進的な考えを持つ企業なんかでは、プレゼンでパワーポイントが禁止されてるみたい。

　そういう話からすれば、これは研修会とかワークショップの話だけれど、そのフォーマットが、いかにも近代的に作り込まれすぎて、講師がパワポで発表します、参加者がそれについて考えてみます、ふりかえります、学びがありました、みたいな予定調和を感じてしまうんだよね。100％がそうだとは絶対に思わないけど。でも本当に深まってるのかは、果たして考えてみると疑問だよね。だから全く逆の方向で、結論が出なくても単純に口頭でディスカッションして意見が分かれたまま終わるのがあってもいいかもしれない。消化不良があったら、家に帰ってからも考えるでしょう。逆に結論を得たり非常に満足してしまうと、それ以上は考えない。

土方　そうですね、それはすごく分かるし、今回の内容とも全部つながっていることだと思うんです。一方で、その１つの原因としては、時間。現代的な価値観は、時間で区切るというか、そういうものがあると思うんです。そこで課題として浮かび上がるのは、僕らがこの本で提案したことを、どうやって実践に落とし込んでいくかということとすごく関係してくるなと思って。例えば研修会やワークショップを実際どのようにするのか。

　そもそも現代的な価値観に対するのであれば、研修会なんてやらない方がいいとか。

張本　極端に考えてしまえば、やらない方がいいか、あるいは風土に無意図的に根ざしてきた地域の古老とかを呼んできて、囲炉裏端でぽつりぽつりと話してもらって、こちらはただひた

すら質問して、よく分からないようでいて少し共感できるような会があってもいいのかとは思う。
　そこで何かを落とし込むとか、参考になりましたとかではなくて、まさにこういう対話の場としての研修会。まあそれは極端すぎる発想だけど。

土方　教え込みたいという欲求というのは、とにかく一方的に物事を進めていきたいということの表出なのでしょうかね。それが対話がないということかもしれません。ふりかえり活動なんていうのは、場合によっては予定調和の最たるものになってしまいますよね。「これからはみんなで協力したいと思います」とか、そういうことになりがちですよね。

張本　僕が以前にディレクターで関わっていたキャンプがあって、グループは直接担当してなかったからうろうろしていたら、まさにふりかえりをしているグループがあって、離れて見ていたんだ。すると何か言えばすぐに「協力する」って子どもが言っていて、しかもそれがグループに蔓延している雰囲気があって。それで何となくその場は収拾されていくんだけど、夜のミーティングで「協力という言葉は禁止にしよう」って僕は言ったのをよく覚えている。「子どもたちは、あれを言えばいいんだと取りあえず思っているから」とは言った。取りあえずこれを言って、「次は頑張ります」とか言えばいいみたいな。

土方　張本さんの本文の中にも出てきたけど、過剰適応とか、そういう問題とつながっていく気がしますね。僕はすごく腑に落ちました。意図が強いと逆効果になるという。
　だから研修会とか講習会でも、さっきおっしゃったような方をひたすら呼んで、意図は持たないで、話を聞いたり、対

話をするだけでも確かに本人にとってのオリジナルが見つかるかもしれませんよね。

予定調和には、自分が指導者として、講師として働いていることを実感したい、成果を確かめたいという欲望があるのかもしれませんね。

張本　そういうのから脱しないといけないと思う。あと、事業単位で見るのは、限界みたいなのがあると思う。事業としても、全く同じ事業を毎年やってみるとか、長期的にやる方向とか、俯瞰的な見方が必要だよね。結局、今は単発事業で勝負しようとするから、そこに成果を求めようとしているけれど、これから何回も続けていきますよっていう場合には勝負しなくてもいい。昔のてぃ〜だキッズのときは毎月キャンプをやっていて、それが何年も同じメンバーで続けているから、保護者には何も期待しないでくださいと言っていたし。

しかも何回も何回も続けていけば、いわゆる自然体験だけでなくて、ちょっとした風土性みたいなのも必然的に出てくる。

土方　やっぱり、目的を設定するっていうのはそういう事ですよね。張本さんは長期的に見ていたから、親に期待しないでくださいって言えたじゃないですか。結局、親に期待しないでくださいって言うことは、目的を設定するということとは180度態度が違うっていうことですよね。だからあとはそれを実践の中で、腹を据えてやっていけるかということですよね。でも、すごく分かります。

そこで難しいのは、僕らがこういう提案をして実践に落とし込んでいくとなると、時間的な制約みたいなものを本当は変えていきたいんですが、例えば学校という中だと限界みたいなのは残ってしまいますよね。

張本　琉球大学附属小学校はちゃんと 6 カ年の中に体験学習を位置づけて、小学校全体の大枠の中で、1 年生ではこれをして、2 年生でこれをして、っていうのがあるから、不可能でもないはずだよ。これが、1 年生がやることは 1 年の先生だけが考えて、2 年になったら、また全く別なことをやってとかではなく、大枠、学校全体の構想があれば、6 年生までの時間というか各学年の教育課程の中に取り入れていくことはできるはずなんだよ。

土方　お話を聞きながら「日常と非日常」のことを考えました。特に冒険教育については、よく非日常という文脈で語られるじゃないですか。しかし今回の試みっていうのは、ある意味で非日常よりも、日常に近い場での野外教育を語ろうとしていますよね。

　例えば張本さんが仮想の事例であげている農村で生まれ育った子は、日常的な野外教育によって影響されていたという想定ですよね。それは無意図的に行われているから、明確な指導者が存在していません。でも指導とまでは言えなくとも、少しでも野外教育として関わりを持とうとするとき、どのような介在の方法や考え方が成り立つのかと思ってしまうわけです。本人のなりゆきに任せればそれでいいのかというと、そうでもありませんし。

張本　無意図的に介在するっていうのは存在するのかな。この話を極端に言ってしまうと、非日常とは言うけれど、毎日それをやっていれば日常になるわけでしょう。でも毎日毎日の繰り返しという日常から離れて、例えば旅行に行ったり友達家族とバーベキューすることは大人の世界でも普通にあるわけで、子ども達にも日常と非日常のバランスが必要だと思うよ。

　でも今回の企画意図みたいなものは、野外教育ではどうし

ても非日常の体験として語られることが多いから、そうではない日常とか風土とか、無意図とか、それらもありますよねって言いたいわけで。

土方　そうですよね。それで、張本さんにはこの本の「はじめに」をお願いしていて、僕は「おわりに」を書くわけですけど、この日常と非日常のことについて書こうと思っています。

　結局、非日常はやがて日常に回収されていくんですよね。例えば小学生のテリトリーみたいなものを考えてもらえばいいんですけど、いつも自転車で通っていれば、そのあたりが日常空間として当たり前になってきて、それがやがて隣町に広がり、さらに遠くまで広がっていく。非日常が日常として広がりを見せるということです。いつもはこれしかやらないけれど、ちょっと違うことをやってみる、そのことを毎日やっていれば、それが日常になってくるとか。

　そういう空間的な日常、非日常もありますし、歴史とか過去、積み重なった時間の堆積とかでも同じ事が言えますよね。例えば年に1回しか墓参りに行かないと、それは先祖という存在が非日常だけど、毎日毎日仏壇に手を合わせていれば、先祖という過去の存在が日常に重なってくるとか。

　それで、空間的にも時間的にも広がりを見せていくことが、実は風土性だというふうに思っているんです。

張本　日常と非日常の話とは関係しないかもしれないけど、昔からどう考えたらいいのか分からないことがあって。今の世の中を形成した50代、60代、70代のこの人たちは、幼い頃はそれこそ日常的に自然体験、あるいは風土の中で暮らしていたはずじゃない。それで、この人たちが形成した今の社会が万能なのかっていうと、必ずしもそうでもない。もちろん、交通の便が良くなったとか、衛生面で改善されたとか、物質

的に豊かになったとか、近代文明には様々な恩恵があって今の時代が成り立っているわけだけど、その弊害も実は多々あるのが今だよね。

　にもかかわらず、また、昔の人たちがやっていたようないわゆる自然体験や、今回提示したような風土性を帯びたいろいろな体験をさせると、結局、それの再生産にならないかという事。この問題意識には、今の社会をあまりいい社会として認識しないという前提が必要なんだけれど、でも改めて考えてみて、あんなに自然体験が豊富で、異年齢集団で遊んで、鎮守の森の神社で火遊びをして地域のおじさんに怒られた、まさに野外教育の理想的な場面があふれる中で育ってきた世代がつくった今の社会には、いろんな課題も出ているでしょう。そして今、野外教育ではその課題を解決できる人を育てるために、再び自然体験を子ども達に提供しますということは、矛盾があるんじゃないか。

土方　循環だけを考えれば、そういう恐れはあるように感じますよね。でもそんなことを言っていられないくらい、生物学的にもはや、人間は大丈夫かみたいな部分で必要かとは思います。

　また、そもそも時代の背景が違いますよね。過去は貧しくて成長に向かっていく時代でしたけど、今は豊か過ぎる時代の中で、そういう同じことをたくさん体験したとしても、また方向は違うのかもしれない。背景が違うんですよね。

　矛盾とはおっしゃいましたけど、張本さんはこれまである程度、体系的ならずとも実践されてきましたし、例えば旧暦を野外教育に活用する論文も書いていたじゃないですか。そういうことに着目していることって何なんだろうと考えると、やはり今回の執筆の動機だったり問題提起にも通じていく部分というか、野外とは何かを考えている人なのかなぁと感じ

ます。
　僕は自分で自覚があるのは、理論のほうから入っていくんですよ。とは言え、自分がその理論に根ざした実践をしているかと言えばそうではなくて、なんで野外教育なんだろうということがずっと引っ掛かっていたり、なんで他の人は自然の中でやっているということに疑問を感じないんだろうとか。ずっとそんなことばっかり考えていて現在に至るという感じなんです。だから張本さんがさっき言っていた前の世代の方々の自然体験と現代社会の話とかは、自然とか、野外とかを考えているという意味で、やはり理論かなと思います。

2.「近代的価値観」

張本　なんか今まで、執筆の動機なのか問題の所存なのか分からないけど、なかなか面白い話ができたよね。それでちょっと思ったのは、いきなり結論になってしまうんだけど、要するに野外教育っていうのは、価値観の多様性を広げるっていうことじゃないの。
　今は近代的な価値観にかなり偏っていて、例えば生きる力を高めることも、リーダーシップ能力を高めることも、近代的価値観の中にいるからこそ言われるんだけど。例えばとても効果的な野外教育プログラムに何回も参加して、自己有能感が高まり、自尊感情が高まり、コミュ力が高まり、今の時代でいうと勝ち組になったとして、それは本当にいいのかどうか。
　極端な話になったけど、決して野外教育は現代社会で勝ち組を育てる教育ではないと思うし、どちらかというと、勝ち組負け組という価値観の枠の外にあるというか、違う価値観を持てる人を育てるみたいな、そんなイメージがあるんだけ

ど。僕の言葉で言うと、野外教育の目的は、もしかしたら多種多様な価値観の人を育てることであって、決して今の社会の理想となる人材を育てなくても、別な生き方もできるような人材を育むということかな。

土方　そうですよね。野外教育にはそういう多様な方向可能性が残っているっていうことですね。僕が野外概念の再解釈で、結局、野外っていうのは現代的価値観から外に出るみたいな感じで書いてきたので、いま張本さんの言ったこととつながるんだと思います。

　だから、多様な価値観を育む可能性があるものなのに、偏った価値観にとらわれていないですかということを、いろいろ手を替え品を替え説明しているっていう、そういう感じの本になるといいですね。

張本　この価値観の話は前にメールで書いたよね。(PCでメールを確認しながら読み上げる)
「何となくですが、結局、野外教育っていうのは近代的価値観、例えば合理主義とか経済至上主義とか都市化とか格差社会とか、そのような時代の流れに対して、何か違う価値観を持てることを目指しているのかと思います。そうじゃなくても生きていけるよね、そんな疑問を持てる人を育てることではないかと、ふと思います。勝ち組を育てるわけじゃない。有能感があって、コミュ力があって、エコでグローバルに活躍するような完璧な人を育てることでもないと思います。」
「例えば若者をエリート社員になれるよう育てることよりも、例えば農業で生きていこうと思えること、そして、実際に苦労をするけれど、収入もそんなに多くないけれど、野菜を育てて、それを食べてもらって満足する人生を送る若者とか。派遣社員であっても、自分なりの暮らし方とか楽しみを持っ

　　　　　て生きていける人を育てる。世の中に流されずにそこそこポジティブに生き抜いていける人を育てる。」
　　　　　結構、現実的だね。

土方　　だから向こう数十年間は、きっともう少し混乱が続くとは思います。本当に張本さんがそのメールに書いていたような「そこそこ」というのは、ここまで成長してしまった国だからこそ、1つのキーワードになると思うんです。足るを知るじゃないですけど、右肩上がりはもうない中で、どうやって充実していくかということが重要なのかなと。今の団塊の世代ぐらいは、右肩上がりの価値観ですからね。

張本　　河合隼雄が書いていたけど、貧しい時代とは違う、まるっきり変わった豊かな時代の新しい価値観だったり世界観、宗教観を、根本的に考え直さないといけないはずなのに、西洋の方法とかだけを真似てしまっていて、でも誰も通って来なかった歪みが、いま出ているんじゃないの。

土方　　ですから近代的な価値観とはおそらく違う方向の「そこそこ」だったり、何か別の古くて新しい価値観からその歪みに対処できるような人を育むのが理想かもしれませんね。野外教育学会のキーワードで「そこそこ」とか面白いじゃないですか。

張本　　沖縄だったら「なんくるないさ」かな。

　　　　2015年10月23日　首里城を臨む沖縄県立芸術大学にて

おわりに

　「野外」と「自然」は同義なのか？　「野外教育」の訳語は本当に"outdoor education"なのか？　「野外教育」はなぜ効果的なのか？
　そして結局のところ、「野外教育」とは「何」なのだろうか？
　本書はそんな疑問を共有する研究者により執筆が進められた。
　野外教育の一領域として冒険教育があげられる。この教育の効果要因として体験の「非日常性」を指摘する研究が多い。編者もこの結果に同意する。一方で、非日常が輝くとき「日常」は置き去りにされていないかという疑問を常に抱いてきた。古くは「ハレ」と「ケ」で知られる「日常と峻別される非日常」は、野外教育においては時に日常をなおざりにしてしまうのではないかと。私たちは野外教育における輝かしい「非日常」と同様に、何気ない「日常」にも視線を向ける必要があるのではないだろうか。
　元来、我が国では、豊かな（そして時に畏ろしい）自然との共生が生きることのすべて、すなわち日常であった。本書に収録された風土概念をキーワードにした論文（第2章、第3章）は、非日常に焦点化されがちな野外教育への視線を日常へ向ける試みであった。また、意図しない無意図的な教育（第4章）も、何気ない（自然との共生による）日常の教育力を見出す取り組みであった。
　研究者には個別の空間性（場所）と時間性（歴史）により育まれた身体性が宿っている（風土）。その身体に宿る実践的感性から欧米由来の"outdoor education"を照射すると何とも腑に落ちないものの存在を感じる。それはなぜかと考えると、おそらく"outdoor education"における"outdoor"には「日常」や「生活」の匂いを感じにくいからなのではないだろうか。つまり日常（や非日常）を通して経験的に醸成されてきた自然観を含む全体的感性とのあいだに齟齬が生じているのであろう。
　黒森の哲人ハイデガーは、彼の著作「技術への問い」で技術と人間の関係を探り、その本質に迫るために「技術とは何であるか」を問うた。そして技術とは目的のための「手段」であり、また、同時に人間の「行為」でもある

とした。

　野外教育を「非日常」から捉えれば、それはある教育目標を達成するための「手段」といえよう。しかし、ハイデガーが陳述したように技術は人間の「行為」でもある。この観点からみれば、無意図的に自然と関わるような日常的行為も同様に野外教育として注目されてしかるべきであろう。

　今、本書を読み返すと、その主題は各執筆者の野外教育における「日常」への眼差しで貫かれていることに気づく。ここで言う日常とは自然との相互作用を前提にしているものであり、すなわち「風土」なのである。

　豊かな自然との共生による「日常」を取り戻し、それに培われた「『野外』の教育力」を呼び覚ます。これを皆に周知したいという欲望が本書の通奏低音であった。

　今日も沖縄県名護市辺野古沿岸部では希少生物の生息する湾の埋め立てという自然破壊・環境破壊が進み、また、大学教育周辺ではG型・L型大学構想や文学部冷遇といった教育破壊など見るに堪えない社会状況が生じている。

　経済至上主義に与する画一的価値観の為政者への抗いも込めて、本書「野外教育学序説」を刊行した。

　　本書は第2章から第5章までの内容について、公表されたオリジナル論文を元に加筆修正がなされ、全体として再編成されている。
　　学術論文の初出について以下に記す。

- ○　土方圭(2016)：野外教育における「野外」概念の再解釈 - 風土を手がかりとして野外教育研究、第19巻第1号、14-26.
- ○　土方圭(2016)：風土概念により再解釈された野外教育の原理の明文化、野外教育研究、第20巻第1号、1-11.
- ○　張本文昭、土方圭(2016)：「教育」および「体験」に関するレビューと野外教育における課題と展望、野外教育研究、日本野外教育学会、第19巻1号：27-40.
- ○　土方圭、張本文昭(2019)：野外教育実践の可視化：「教育」と「野外」の概念整理に基づく二次元マッピング、野外教育研究、https://doi.org/10.11317/joej.2019_0001

執筆者紹介

土方圭　（ひじかた　けい）　　　　編著者
1973 年生まれ
明治大学　法学部　講師
筑波大学大学院体育研究科コーチ学専攻修了：修士（体育学）
日本大学文学研究科教育学専攻：博士（教育学）
主な執筆：野外教育学研究法、共著（2018：杏林書院）、水辺の野外
　　　　教育、共著（2012：杏林書院）、など
担当個所：第 1 章　第 2 章　第 3 章　第 4 章　第 5 章　おわりに

張本文昭　（はりもと　ふみあき）　　編著者
1970 年生まれ
沖縄県立芸術大学　全学教育センター　准教授
筑波大学大学院体育研究科コーチ学専攻修了：修士（体育学）
主な執筆：野外教育学研究法、共著（2018：杏林書院）、水辺の野外
　　　　教育、共著（2012：杏林書院）、など
担当個所：はじめに　第 1 章　第 4 章　第 5 章　第 7 章　第 8 章

多田　聡　（ただ　さとし）　　　　著　者
1968 年生まれ
明治大学　法学部　教授
筑波大学大学院体育研究科コーチ学専攻修了：修士（体育学）
UiT ノルウェー北極大学　客員研究員（2017 年-2019 年）
主な執筆：キャンプ白書 2016　編集委員長（2016：日本キャンプ協
　　　　会）、障がいのある子どもの野外教育　責任編集（2011：
　　　　杏林書院）など
担当個所：第 6 章　コラム

野外教育学序説

2019年10月17日　　初版発行

編著者　　土方　　圭
　　　　　張本　文昭

カバーデザイン　　大城可奈子　山城茅奈

定価(本体価格2,250円+税)

発行所　　株式会社　三恵社
〒462-0056 愛知県名古屋市北区中丸町2-24-1
TEL 052 (915) 5211
FAX 052 (915) 5019
URL http://www.sankeisha.com

乱丁・落丁の場合はお取替えいたします。
ISBN978-4-86693-060-2 C3037 ¥2250E